今川義元公生誕五百年祭記念

復権！今川義元公の実像に迫る

CONTENTS

004 【巻頭特集】
とっておきの今川義元
今川義元公生誕五百年祭推進委員長　小和田哲男

016 【コラム】
住職として今川家の御霊安らかんと願う
臨済僧堂　阿部宗徹老師

018 **今川ゆかりの地めぐり**
〈壱〉「小和田先生」と巡る今川家ゆかりの地
〈弐〉山科言継が見た駿府のまちウォーク

034 【コラム】
今川義元公と静岡浅間神社
静岡浅間神社 宮司　櫻井豊彦

036 **戦国武将から見た今川義元**
大石泰史

050 **駿府に花開いた今川文化**
静岡産業大学総合研究所　客員研究員　中村羊一郎

全国初！今川氏の常設展示づくりに挑む
静岡市歴史文化課　稲森幹大

066 **おすすめの今川氏関連本**

067 五百年祭広報大使
「今川さん」涙の物語⁉

075 **駿府と今川氏**

090 今川義元公生誕五百年祭
シンボル事業報告

今川氏系図

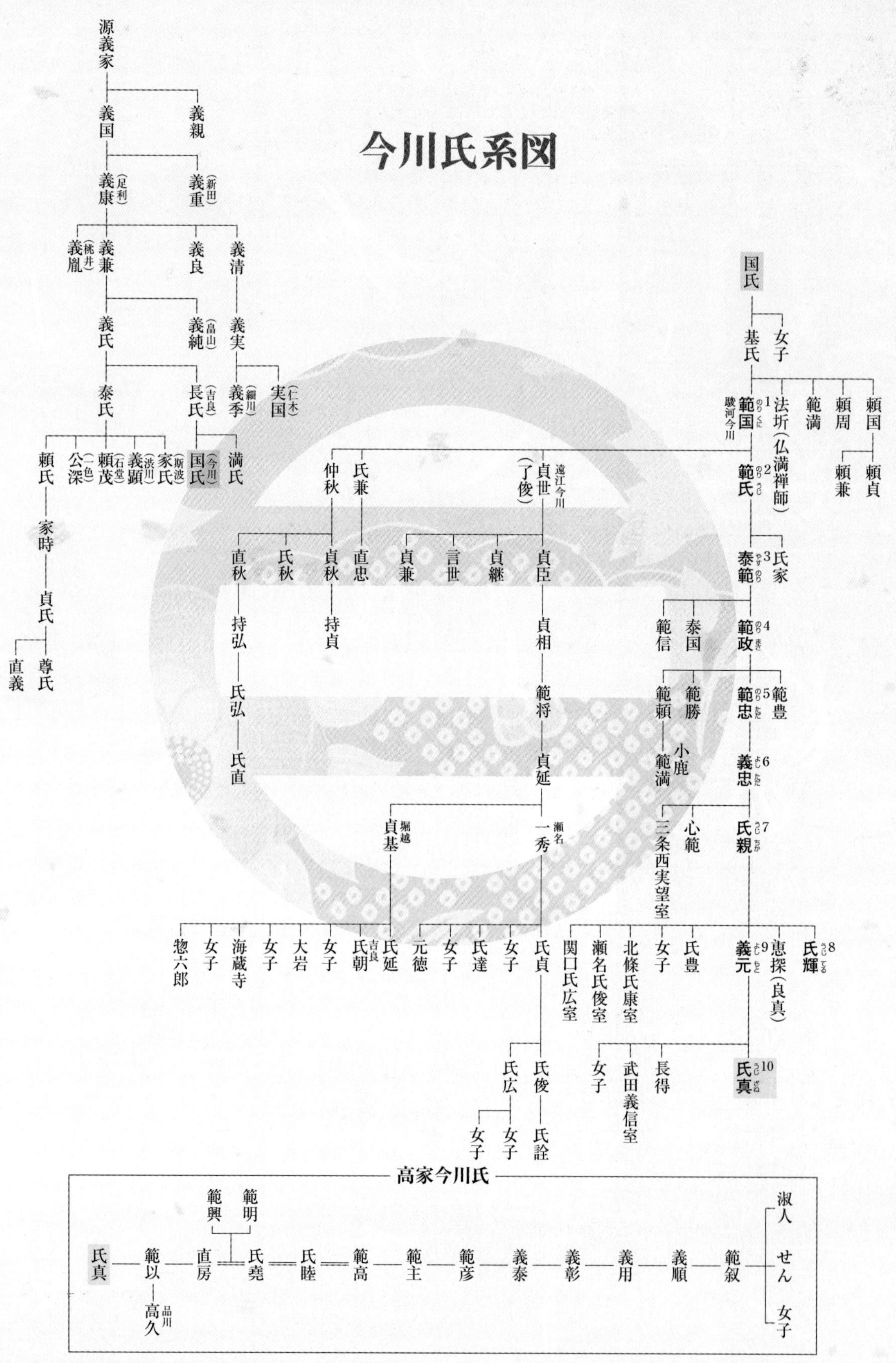

源義家
義国
義親
義康（足利）
義重（新田）
義胤（桃井）
義兼
義良
義清
義氏
義純（畠山）
義実
泰氏
長氏（吉良）
義季（細川）
実国（仁木）
頼氏
公深（一色）
頼茂（石堂）
義顕（渋川）
家氏（斯波）
国氏（今川）
満氏
家時
貞氏
尊氏
直義
国氏
基氏
女子
範国 1 駿河今川
法忻（仏満禅師）
範満
頼周
頼国
頼兼
頼貞
範氏 2
仲秋
氏兼
貞世（了俊） 遠江今川
泰範 3
氏家
直秋
氏秋
貞秋
直忠
貞兼
言世
貞継
貞臣
持弘
持貞
貞相
氏弘
範将
氏直
貞延
範信
泰国
範政 4
範頼
範勝
範忠 5
範豊
範満
小鹿
義忠 6
貞基 堀越
一秀 瀬名
三条西実望室
心範
氏親 7
惣六郎
女子
海蔵寺
女子
大岩
女子
氏朝 吉良
氏延
元徳
女子
氏達
女子
氏貞
関口氏広室
瀬名氏俊室
北條氏康室
女子
氏豊
義元 9
恵探（良真）
氏輝 8
氏広
氏俊
女子
武田義信室
長得
氏真 10
女子
女子
氏詮
高家今川氏
範興
範明
氏真
範以
直房
氏堯
氏睦
範高
範主
範彦
義泰
義彰
義用
義順
範叙
淑人
せん
女子
高久 品川

戦国今川家関係年表

和暦	西暦		事象
文明 3	1471		今川義忠の子 龍王丸（氏親）生まれる。
5	1473	11.24	今川義忠が遠江国懸革荘代官職を得る。
8	1476	4.6	今川義忠、遠江の塩買坂で討死。
11	1479	12.21	将軍足利義政より今川龍王丸相続許可の御内書が出る。
長享 元	1487	10.2	今川龍王丸（氏親）の初見文書。
		11.9	伊勢宗瑞（北条早雲）、小鹿範満を討ち、龍王丸に今川家の家督を取り戻す。
明応 3	1494		この年秋、伊勢宗瑞に率いられた今川軍が遠江に攻め込む。
6	1497		この年、遠江の原氏滅亡。今川氏親が遠江中部を手に入れる。
文亀 3	1503		この年、今川軍が浜名湖周辺まで征圧する。
永正 3	1506	8月	伊勢宗瑞率いる今川軍が三河を侵攻する。
		11月	三河の今橋城を落とす。
5	1508	10月	伊勢宗瑞率いる今川軍、三河の岩津城の戦いで松平軍に敗れる。
			この年、今川氏親は遠江守護職を手に入れる。
8	1511	10.17	今川氏親が斯波義達と戦う。
9	1512	閏4.2	今川氏親の臣 朝比奈泰熙が三河の大河内貞綱・尾張守護斯波義達らが拠る遠江引馬城を攻める。
10	1513	3.7	今川軍の攻撃で三岳城落城。
13	1516		この冬、大河内貞綱が引馬城を占領し、今川氏親に敵対する。
14	1517	8.19	遠江引馬城落城し、大河内氏滅亡。
15	1518		この年、今川氏親が遠江で検地をはじめる。
16	1519		この年、今川義元生まれる。幼名 方菊丸。
大永 6	1526	4.14	今川氏親が「今川仮名目録」を制定する。
		6.23	今川氏親没、子 氏輝がつぐ。
天文 5	1536	3.17	今川氏輝没。
		4.27	栴岳承芳と玄広恵探が今川家の家督を争う花蔵の乱勃発。
		6.10	栴岳承芳が勝ち、還俗して義元と名乗る。
6	1537	2.10	武田信虎の娘が今川義元に嫁ぐ。
		2.16	北条氏綱の駿河東部占領（第一次河東一乱）。
		6.25	松平広忠が今川義元の支援で岡崎城に復帰する。
7	1538		この年、今川義元の嫡男 氏真が生まれる。
10	1541	5.5	今川義元が遠江見付の町衆自治を認める。
11	1542	12.16	今川義元が江尻商人宿の諸役を免除する。
		12.26	徳川家康生まれる。
13	1544	9月	三河刈谷城主 水野信元が今川義元にそむき織田信秀に属す。
14	1545	7.24	第二次河東一乱。
		8.16	今川義元出陣し、北条軍と狐橋で戦う。
		10.24	今川義元と北条氏康講和。
15	1546	10月	今川軍、三河へ侵攻。
		11.15	今川軍が戸田宣成の今橋城を落とす。
16	1547	8.2	松平竹千代（徳川家康）人質として織田信秀のもとに送られる。
		9.5	今川軍、戸田堯光の三河田原城を攻める。
17	1548	3.19	今川義元と織田信秀、三河小豆坂で戦う。
18	1549	11.9	三河安祥城の戦い。織田信広を人質に取り、松平竹千代と人質交換。
		11.27	松平竹千代は駿府に送られる。
20	1551	8.2	今川義元が富士金山への荷物に対する関税を免除する。
21	1552	11.27	今川義元の娘が武田信玄の嫡男 義信に嫁ぐ。
22	1553	2.26	今川義元が「仮名目録追加」と「訴訟状目」を制定。
23	1554	7月	北条氏康の娘が今川義元の嫡男 氏真に嫁ぐ。
		11月	太原崇孚（雪斎）が駿府で『歴代序略』を刊行。
弘治 元	1555	閏10.10	太原崇孚没。
3	1557	1月	今川義元、氏真に家督を譲る。
永禄 元	1558	3.7	今川軍、尾張品野城を落とす。
3	1560	5.19	桶狭間の戦いで今川義元が織田信長に討たれる。
		5.23	松平元康（徳川家康）が岡崎城に復帰する。
5	1562	2.4	徳川家康が今川方の三河上郷城を攻める。
9	1566	4.3	今川氏真、富士大宮の市を楽市とする。
10	1567	8月	今川氏真、甲斐への塩止めを断行する。
11	1568	12.13	武田信玄と徳川家康、同時に今川領へ攻めこむ。
12	1569	5.15	今川氏真、懸川城を出て北条氏康を頼る。戦国大名としての今川氏は滅亡。のち、高家として復活。

＊小和田哲男『東海の戦国史』（ミネルヴァ書房、2016年） 311-324ページより抜粋

とっておきの今川義元

YOSHIMOTO IMAGAWA

雑誌でよく取り上げられる人気投票の「戦国武将ランキング」をみると、上杉謙信、武田信玄が上位10位以内には必ず入っている。それぐらいに、この二人は有名で、戦国武将らしい武将といえる。意外に思われるかもしれないが、実は、今川義元もその上杉謙信、武田信玄と肩を並べる立派な武将であった。

今川義元公生誕五百年祭推進委員長
小和田哲男

■プロフィール

1944年、静岡市生まれ。早稲田大学大学院文学研究科博士課程修了。現在、静岡大学名誉教授、文学博士、公益財団法人日本城郭協会理事長。

著書に『戦国の合戦』『戦国の城』『戦国の群像』（以上、学研新書）などがある。NHK大河ドラマ『秀吉』『功名が辻』『天地人』『江～姫たちの戦国～』『軍師官兵衛』『おんな城主 直虎』『麒麟がくる』の時代考証を担当。

一流戦国武将として崇拝された義元

別格であることを示す諱と宗三左文字

一流の武将であったことを示す証として、一番分りやすいのは名乗りだ。諱（いみな）ともいう。私の名前「小和田哲男」で言うなら「哲男」。この諱は、一定のランク以上だと上位の者から与えられる。「偏諱（へんき）」というが、たいていは身分の高い者の下の文字しか与えられない。有名なのは、武田信玄。元々は武田晴信という名であったが、将軍足利義晴の「晴」を下賜された。伊達晴宗も義晴の「晴」を賜った。義晴の子、13代将軍の義輝から「輝」を与えられたのが長尾輝虎、後の上杉謙信だ。

しかし、今川義元がもらい受けたのは、義晴の「義」。今川家は足利一門であり、義元が元服し、寺の修行から戻る際、将軍家は「この今川家は普通の家で

月岡芳年 作「桶狭間合戦 稲川義元朝臣陳没之図」／画像提供：古美術もりみや

はない」ということで、下の字の「晴」の字ではなく、上の字の「義」を与えたのだ。

また、上杉謙信、武田信玄は「川中島の戦い」で5回戦ったが、そのうちの2回戦では、間に今川義元が仲裁に入り、「戦をやめろ」「こんなことで戦っている場合か」とたしなめ和睦を図っている。「子供の喧嘩に親が出る」ということわざもあるが、今川義元は上杉や武田と力が同じか、それ以上だったから仲裁役ができた。そういう点からも、やはり今川義元は戦国武将として一流だった。

さらに、義元が持っていた太刀、宗三左文字（別名「義元左文字」）。今、その復元プロジェクトが進んでいるが、実際、2尺6寸もの長さがあるその太刀を義元は戦場まで持って行き、相手を斬っている。最初に飛び込んできた服部小平太は、膝を斬られたとされている。あの2尺6寸の太刀を持ち、振り払える。それだけの腕力も持っていた武将だった。その左文字を織田信長が奪い、「自分が義元を討った」と記念の彫りを入れ、それが秀吉、家康という天下人に渡った。義元が、戦国三英傑と言われる信長、秀吉、家康からいかに崇拝され、畏れられていたか、宗三左文字からもうかがえる。

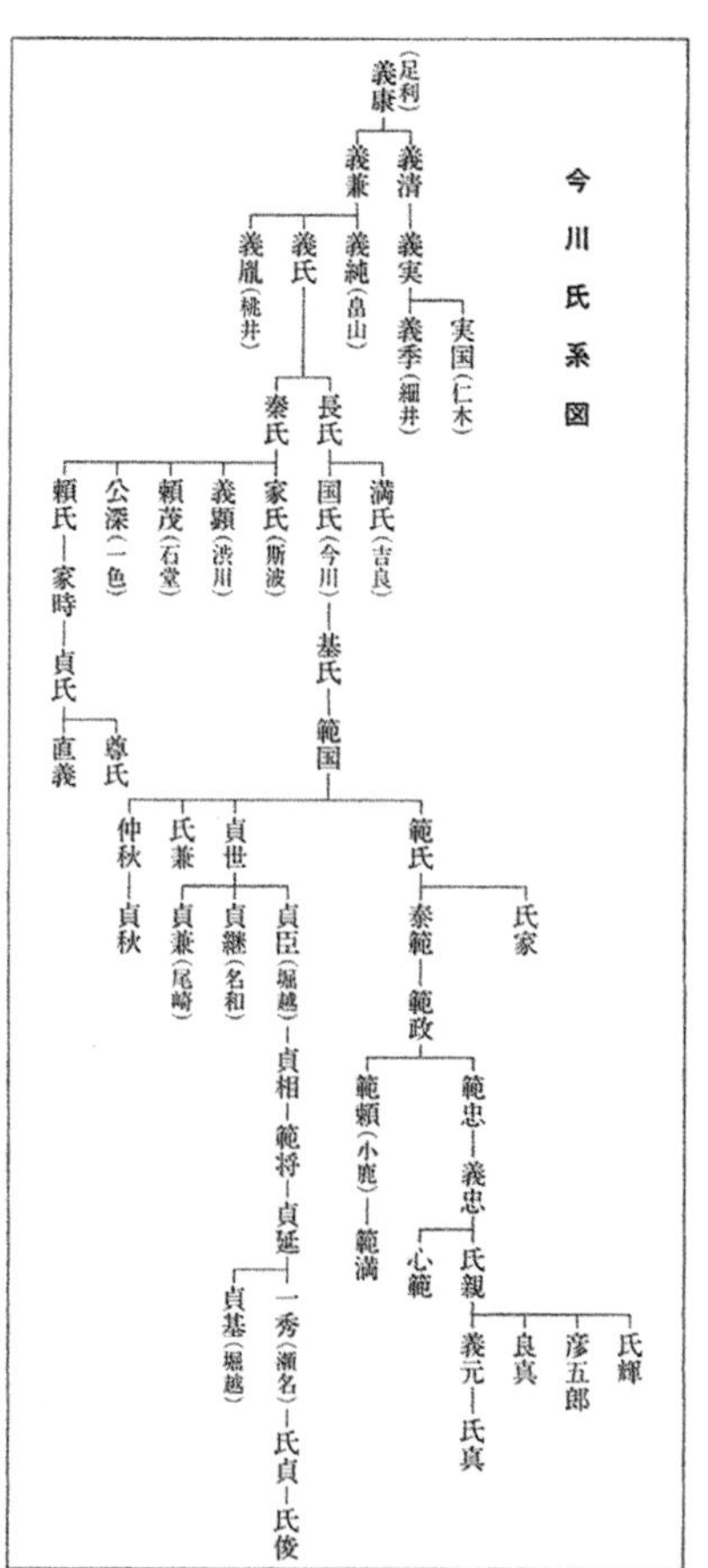

出典：小和田哲男『今川義元 知られざる実像』

外交手腕を発揮した「甲相駿三国同盟」

武田・北条・今川を結びつけた雪斎

今川義元は、「海道一の弓取り」といわれてきた。「弓取り」とは「弓が上手」というのではなく、東海道で随一の、一番の武将という意味だ。

甲相駿三国同盟

戦国時代、群雄割拠の言葉がある通り、数多くの戦国大名が生まれ、弱肉強食で淘汰されていった。実は今川家は、その戦国の世で、まさにトップを走っていた。

有名なのは「甲相駿三国同盟」。甲斐の武田信玄、相模の北条氏康、そして駿河の今川義元の三戦国大名が手を組んで、同盟を結んだ。隣国との同盟、あるいは間を一つ飛ばして、離れた国同士が手を結んで途中にある国を攻めるという遠交近攻同盟は戦国にはよくあったが、三国同盟は珍しい。それをプロデュースしたのが義元であり、具体的に根回しをしたのが、太原雪斎であった。臨済寺の住職で義元にとっては軍師ともいえる人物である。この三国同盟によって背後を気にすることなく、武田信玄は北へ、北条氏は東あるいは北へ、義元も遠江から三河へ出て行くことができた。義元は三河からさらに尾張まで足を延ばそうとしたところで、織田信長によって討たれてしまったのである。義元の油断もあったと思うが、信長の凄さを褒めたほうがよいと感じる。甲相駿三国同盟を具体的にプロデュースし実践したということは、外交術の手腕が長けていた証拠だ。

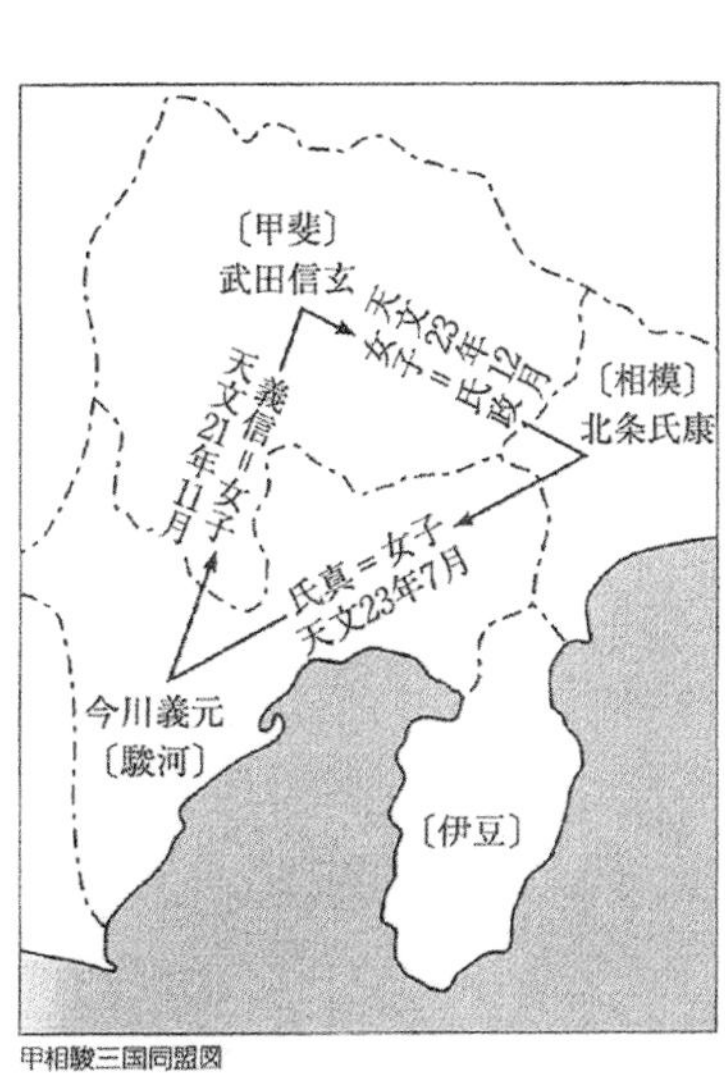

甲相駿三国同盟図

小和田哲男『戦国静岡の城と武将と合戦と』

駿府城下町の礎を築いた今川文化

「戦国三大文化」という言い方がある。周防―山口県の大内氏、越前―福井県の朝倉氏、そして、駿府の今川氏。都を追われた公家たちは生活のために京を離れて地方の戦国大名を頼り、根を下ろした地で京風文化の花が咲いた。

大内も朝倉も今川も、戦国大名としては最後滅亡することになるが、一時代を作ったことは確かだ。周防山口はよく「西の京」と言われる。これは京都を模した街づくりをしたことに由来する。駿府を「東の京」と書いた文献は

今川文化

ないが、私は「東の京」と言ってよいと思っている。今川は守護、守護大名、戦国大名と、一気に力を付けていった。それに伴い、駿府の街も守護町、戦国城下町となっていった。

人口の確かなデータはないが、かなりたくさんの人が住んでいたことは間違いない。京都の公家が残した日記に「駿府で火事があった。2千軒焼けた」とある。一つの家に3、4人はいたであろうから、1万人近い大きな街がすでにこの駿府にできていたことになる。当時は今のような国勢調査もなく、厳密な人口は分からないが、周防山口は人口1万、小田原も6千～1万だったとされる。駿府もかなり大きな町だったと言える。その礎をそのまま受け継いだ徳川家康が、駿府96カ町という大きな城下町を作ったが、素地は今川の時代にあったと考えられる。

経済基盤を盤石にした義元の先見性

意外に思われるかもしれないが、今川義元が支配した3カ国は石高、つまり米の生産量は少なかった。太閤検地のデータだと、駿河・遠江・三河の三つを合わせても、せいぜい70万石ほど。今川義元の時代はもっと少ないと考えてよい。それにも関わらず、義元は桶狭間の戦いで2万5千の兵を率いることができた。

江戸時代、諸大名は石高に応じた軍役が課せられていた。動員人数の基準は1万石につき250人であった。その基準でいくと、2万5千の大軍を率いた今川家は「百万石大名」になる。

2万～2万5千というのは戦国時代の最大動員兵力だ。例えば、永禄4（1561）年の第4次川中島の戦いは武田信玄が約2万、上杉謙信が1万8千。5回の合戦の中で最も激しいかったとされるこの戦いでも、両軍合わせて3万8千。時代が後になると、動員兵力は大きくなり、天正3（1575）年の長篠・設楽原の戦いは、織田信長3万、徳川家康8千で計3万8千。対する武田勝頼が1万5千というのが現在の通説だ。それが当時の最大動員兵力だった。今川義元の2万5千という大軍の動員は、それだけものすごい力を示しているということになる。

黄金時代を築いた精錬技術と民活導入

先見性

経済力の基盤は二つあったと考えられている。一つは金。安倍川上流、大井川上流には金山があり、莫大な量の金が手に入った。義元の父、氏親の時代の頃はまだ砂金しか採れなかった。川の上流の方で流れている砂に金が混じっていて、それを選り分けて採ったので、それほどの産金収入はなかった。ところが、義元の時代の頃に「灰吹法（はいふきほう）」という、金の新しい精錬技術が外から入ってきた。まず金鉱脈をつるはしのようなもので叩き、粉にする。その粉を動物の骨で作ったお皿の上で粉と鉛を熱すると金が残るという優れた精錬技術である。この方法で義元は大量の金を得た。公家の日記にも「今川義元から金が10両送られてきた」などと書き残されている。駿河・遠江の上流では相当な量の金が採れ、大きな収入をもたらしたのだった。

もう一つは商品流通経済。駿河、遠江、三河には当時の物流の大動脈である東海道が通っている。義元の時代には、太平洋側の航路も少しずつ発達してきた。伊勢から伊良湖岬、天竜川河口の掛塚、焼津の小川、江尻（今の静岡市清水区）、沼津の方から、伊豆半島を回って、武蔵の品川まで航路が発達した。今川家は特に小川、江尻、吉原（今の富士市）の港を整備し、港に出入りする船に税をかけて収入を得ていた。今川家はそういった商品流通経済をいち早く掌握したと言える。楽市楽座というと信長が最初にやったようにいわれるが、実は今川家の方が一年早い。東海道、太平洋岸航路という大動脈をおさえたことが、今川家の発展につながった。

さらに、今川家は商人たちに対して、単に権力で押さえつけただけではなく、商人たちを束ねさせる「商人頭」を指名した。駿府の豪商の友野家に「商人たちを束ねよ」と。商人のことは商人に任せる。今で言う民活導入の走りだと思うが、そういったことを積極的に行った。もう一つ、かつて遠江の国府のあった今の磐田市見付の商人たちが、自分たちのことは自分でやろう―と町衆による一種の自治に似たことを少しずつ身に付けてきた。ある時、今まで見付から年貢を１００貫、今川家に納めていたが、「これからは１５０貫出しますから、自分たちの自治を認めてくれ」ということを今川家に申請し、その許可を下した文書が残っている。「町衆たちのことは、町衆にやらせよう」と積極性を義元は奨励したことも明らかになっている。商人頭の設置や町衆自治の容認という先見性も経済が発達した要因と考える。

今川仮名目録

今川黄金時代を象徴する「今川仮名目録」

自分の国は自分で支配することを幕府に宣言!?

義元の父の氏親が「今川仮名目録」という分国法(戦国家法)をつくった。東国最初の分国法だった。室町時代、足利尊氏が室町幕府を樹立する際に、建武式目という全国法を作った。新しい訴訟が持ち上がるなど、その都度改訂、追加して「建武以来追加」という新しい法律を次から次へ出したわけだが、室町幕府の建武式目、建武以来追加とは別に、「自分の国は自国の法律で律します」ということを堂々と言い始めたのが今川氏親の「今川仮名目録」の制定だった。これに、息子の義元が追加をした。不足していたものをただ追加しただけではなく、時代の変化に対応しながら、少しずつ改訂版を作った。その追加21ケ条の中に、自分は自分の国を自分で支配する、つまり幕府の援助も口出しもいらない―と、幕府からの独立宣言のようなことも書いてある。これは時代がそれだけ新しくなっていったということだが、今川家はそういった意味で9代の義元の時代が今川全盛期、俗に「今川黄金時代」と言えるのではないかと思う。

尾張に攻め込んだ義元の狙いとは

今川義元は永禄3(1560)年、尾張まで攻め込んだ。理由については、昔からさまざまな説がある。江戸時代に書かれた本はたいてい、「京都に旗を立てる」、要するに「天下に号令するため」としている。いろい

狙い

ろな本で表現は少しずつ違うが「天下の邪路を正さんがため」と書かれている。室町幕府が衰え始めてから、それを盛り立てる、立て直すために京都に上ろうとした―というのが江戸時代以来の通説になっている。ところが、京都上洛の途中には尾張の織田だけでなく、美濃に斎藤、近江の北には浅井、南には六角という手強い敵がいる。彼等を攻めるか手懐けるかしないと、京都までは当然行けない訳だが、どうも美濃・近江に対して今川家があらかじめ手を打っているような形跡はない。一気に上洛、つまり京都に旗を立てるつもりだったとは考えられない。そのため、現在いくつかの説が出されている。

一つは「三河確保説」。駿河、遠江、三河までを今川領国として確保しておく。そのため隣の尾張に少し討って出ておかないと、攻め込まれる。本格的に相手を倒すのではなく牽制の意味で尾張まで出て行っていったという説だ。

もう一つ有力な説が、桶狭間の戦いの直前に、今川義元は実はもう尾張の国のかなりの部分まで攻め込んで領土としていたというもの。その足がかりになったのが、「鳴海城」と「大高城」。ただ、織田信長も手をこまねいていたわけではなく、鳴海城に対しては「善照寺（ぜんしょうじ）砦」「丹下（たんげ）砦」「中嶋砦」という三つの砦で囲み封鎖する。大高城に関しても鷲津の砦などを作って封鎖する。その封鎖を解除するために出て行った。これが「織田方封鎖解除説」。軍事史を専門としている研究者からは、そのような意見が出ている。

少し変わっているところでは、義元の弟で、氏親の六男にあたる氏豊という人が当時の那古野（なごや）城の城主だった。今川の分かれが、養子として入っていた。それが信長の父の信秀によって追われた。それを取り戻そうという「尾張今川領回復説」も出ている。

家臣に攻め込ませるのではなく、義元自らが出ていることからして、単に牽制や封鎖の解除というよりも、私としては、「いや、この際思い切って尾張の織田信長を討とう」としていたのだと、「尾張奪取説」の説を唱えている。いろいろ説があり、論争中というか、定説がない状況だが、義元は尾張まで攻め込む・攻め取るという意志を持っていたのではと、私は考えている。

信長威圧の輿が仇となった桶狭間の戦い

今川奇襲の一番手柄となったのは無名の武将だった

今川軍が2万5千で、当時の戦国大名としてほぼ最大動員兵力と先に述べたが、2万5千全部が武士だったと捉えると、間違いだ。当時は、だいたいが兵農未分離。武士と農民が分かれていない。戦に動員される専業武士はせいぜい1割程度。他はほとんどが普段は農作業をやっていて、いざ戦いとなると、今川家から命令が下り、家臣を引き連れて出て行く半農半士であったという捉え方をしている。この時の織田軍が3千。そのうち千を善照寺砦に置いて、残り2千で今川本隊に奇襲をかけた、と言われている。信長の2千は精鋭部隊。だから、かたや2万5千は農民達もまじった寄せ集まりの軍勢、一方の織田軍の2千は、専業武士に近い武士集団ということで、そのあたりも義元は信長軍を見くびっていたのではないだろうか。

信長が奇襲した際、義元は「輿」に乗って出ていた。輿に乗っていた理由は諸説言われてきた。義元は馬に乗れなかったのではないか、公家のような生活をしていたので乗馬の訓練をしていなかったのではないか、など。しかし、そうではない。輿に乗って出ていったのは足利将軍家から「あなたは外出する時に輿に乗ってよい」という特別な許可をもらっていたのである。将軍家から特別許可をもらえる条件として、幕府に相当な献金をしていたであろうし、そういった繋がりや人脈を持っていなければならなかっただろう。併せて、今川氏は、「足利から吉良が分かれ、吉良から今川が分かれた」という名門だった。義元としては尾張の田舎大名である織田信長を権威で威圧するために、あえて馬ではなく輿に乗っていた、というのが理由だ。

さまざまな史料はあるが、桶狭間の戦いの5月19日、義元は「桶狭間」で昼食休憩を取っていた。これについても諸説あり、昔は「桶狭間」というと谷間の意味がある「はざま」。ちょうど昼になったから、はざま（谷間）で、昼食休憩を取った。そこを太子ヶ根という山の上から織田信長が駆け下って

月岡芳年 作「桶狭間合戦 稲川義元朝臣陣没之図」／画像提供：古美術もりみや

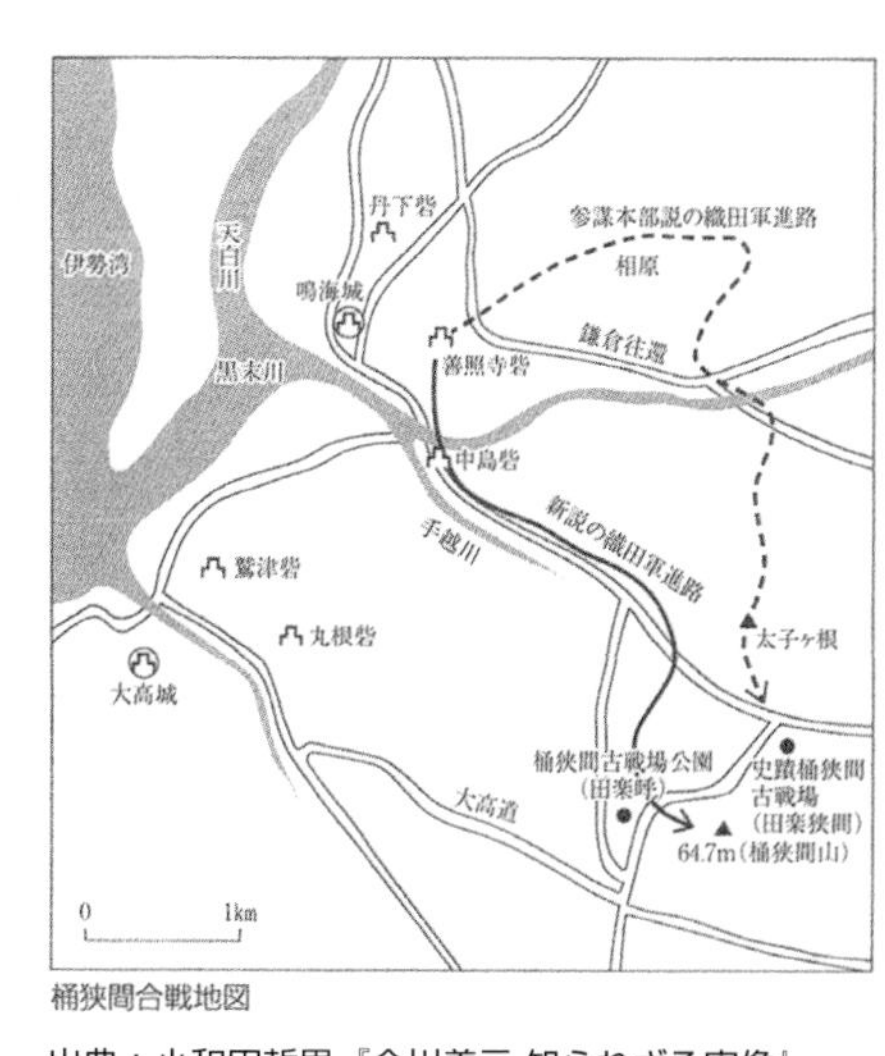

桶狭間合戦地図

出典：小和田哲男『今川義元 知られざる実像』

義元の首をとった、というのが、昔の小説や映画などで描かれていた。ところが、信長の伝記『信長公記（しんちょうこうき）』には「桶狭間山」と出てくる。言われてみれば三国の大将が何も谷底で昼食休憩をとる必要はなく、やはり見晴らしのいい山の上、あるいは中腹で昼食休憩をとるだろう。となると、桶狭間山の山頂ということになる。戦いは最初、信長家臣の服部小平太が槍をつける。義元は左文字を抜いて、服部小平太の膝を斬ったとされる。二番手に飛び込んできたのが、毛利新助という信長の家臣。彼が義元の首を取る。こういう場合、誰が一番手柄か難しい。一番槍の功名は服部小平太だが、大将首をとった手柄は毛利新助。織田家臣は「どちらを一番手柄にするのか」と周囲は興味津々だったと思うが、信長はこの二人ではなく簗田政綱という無名の武将を一番手柄とした。なぜか。政綱は5月19日、義元が沓掛から出る様子を観察し、いわゆる、忍者的な諜報活動をしていた。兵は2万と、5千に分かれている。5千の方に義元がいる。2万の方は別の方角に進んでいる。5千が進んでいる方角からすると、沓掛を出て、最終目的地はおそらく大高。そうなると沓掛と大高のちょうど中間地点の桶狭間で昼食休憩を取る。加えてもう一つ。この日、義元は馬ではなくて輿に乗っている―と信長は聞き、状況を加味し、桶

狭間で昼休憩を取っていた義元の本陣に奇襲攻撃をかける。その時、「輿のあるところを集中的に攻撃せよ」という命令が出せた。私はこれが決定的だったと思う。義元が輿ではなく馬に乗っていれば、どれが大将なのか分からず、義元の居場所はつかみにくかった。

しかし義元は輿に乗っていた。尾張の田舎大名の信長を威圧しようという試み・目論見が外れてしまった、と私はみている。

義元が桶狭間で討たれた際、2万5千の大軍のうち、ほぼ1割にあたる2千500の兵が亡くなった。しかも重臣・家老たちがかなり討死した。義元は運が悪かった。氏真は駿府で義元の留守を預かっていたので健在だった。もし仮に、家老たちがほとんど生き残って、駿府に戻ってくることができていれば、今川家は立て直すことができただろう。残念ながらこれで衰退の一途を辿ってしまう。

大河ドラマ「おんな城主直虎」で、この桶狭間のシーンがあった。直虎の父の井伊直盛と、まだ若い松平元康（後の徳川家康）は駒を並べて尾張へ攻める。この時、松平元康には大高城の兵糧入れが命じられ、兵糧入れに成功したら、そのまま大高城に残る任務を与えられていた。

一方、井伊直盛は義元のすぐそばにいて、桶狭間の戦いで討ち死にする。

運命とは本当にわからない。これが逆で井伊直盛が大高城の任務だったら殺されずに済み、義元のそばにいた松平元康は殺され、後の徳川家康はなかった。歴史はボタンの掛け違いというか、ほんの少しのところで大きく違ってくる。こういうことを痛切に感じる歴史上のひとコマだ。

和歌や蹴鞠など地方で花開いた京文化

人質にとった竹千代に込めた義元の思いとは

最後に、今川の文化度の高さを改めて取り上げておきたい。応仁・文明の乱が終わり、公家たちに荘園からの年貢が入ってこなくなると、ある程度財政力を持つ地方大名のところに、つてを求めて、公家が流寓（りゅうぐう）してきた。今川氏の係累には京都の公家がたくさんい

和歌や蹴鞠

た。これによって京都の文化が地方で花開くことになった。

駿府を訪れた公家を挙げると、例えば、冷泉為和（れいぜいためかず）。冷泉家は藤原定家の直系、和歌の名門中の名門。彼がこの駿府で義元や、子の氏真に和歌の手ほどきをしている。さらに、当時武将たちが好んで行ったのが「鷹狩り」と「蹴鞠」。鷹狩りは徳川家康が好んでいたことでよく知られている。

蹴鞠も、戦国武将の文化度の高さを示す一つだった。京都の公家の飛鳥井雅綱という蹴鞠の名手が、義元のもとに寄り、氏真に蹴鞠を教えている。大河ドラマの「おんな城主直虎」でも、蹴鞠や和歌を詠むシーンがあった。氏真には残念ながら「武」の力がなかった。

天下統一

天下統一への道筋は「今川ありて徳川あり」

義元は駿府で松平竹千代を8歳から19歳まで「人質」にとっていた。その「人質」を、文字通りとるのではなく、むしろ、義元は竹千代を可愛がっていて、できれば氏真の補佐役にしようとしていたのではないかと私は考えている。以前の大河ドラマ「天地人」で、上杉景勝のそばに直江兼続がいて、その関係が、まさに今川氏真と家康の関係に近いのではないか。義元は、たぶんそれを目論んでいたのではないだろうか。

竹千代に「元信」「元康」と、自分の大事な義元の「元」の一字を与え、系図の上では家康に義元の姪っ子に当たる女性を嫁がせている。そして自分の先生でもあり軍師でもあった雪斎に竹千代の教育を任せた。その教育期間があったからこそ、家康が天下を取れた。「今川ありて徳川あり」。そういった意味で、今川義元をもう一回見直すいい機会を与えられている。

住職として今川家の御霊安らかんと願う

臨済僧堂
阿部 宗徹老師

今川家の菩提寺である臨済寺の住職として、今川義元公五百年の節目を迎えたことに、不思議なご縁を感じるとともに、多くの方々に関心を持っていただいていることを大変喜ばしく思います。

臨済寺は、享禄年間に今川氏親によって建立され、当初は善得院と称されていました。義元公の兄である氏輝の死、埋葬を機に「臨済寺」と名を変えています。

歴史的にこの寺は、今川家の基盤となる場所です。激動の戦国時代を経て、徳川家の色が濃く歴史に刻まれる中、残念ながら今川家はあまり注目されてきませんでした。しかし「今川仮名目録」という分国法を日本で初めて作ったり、出版事業を手掛けたりするなど、非常に優れた文化を残しています。出版事業を成し得たのは、山口県の大内氏と今川氏だけですから、全国でも一目置かれる名家といえるでしょう。

今川義元公も、この寺から政治的な意識を芽生えさせていきました。特に軍師・太原雪斎は強力なバックアップで義元を公家デビューさせるなど、右腕として支えます。一方で義元自身は、決して突出した武将でなかったという印象を、私も持っていました。

実際、今川家は決して弱いわけではないのに「勝ち戦をした後に負ける」といった軍略的な詰めの甘さが見られます。例えば、若い頃に家督を取ってやっと花蔵の乱を収めたのに、北条氏に土地を取られる、という失敗をしています。今川家は、きちんと兵法を学ばずとも格式で勝てる家だったのです。

ところが、格式など関係ない人たちが出てきたのが戦国時代。武将として勝ち上がっていくには、周りが強すぎました。今川の家臣の力が充実していなかったのかもしれませんし、雪斎一人が背負うものが多すぎたのも敗因でしょう。雪斎が「御屋形様はまだ兵馬のことを考えている」と嘆いたそうですが、軍略にこ

だわった義元と意見が合わなくなった雪斎はその後、志太周辺（現藤枝市）に移り住み、そこで生涯を閉じます。

「ただ一人雪斎に頼り過ぎた」と家康も言っているように、雪斎亡き後の義元は、重要なブレーンも家臣団もなく、一度運よく勝ちはしても、やはり国を治めるところには届かず、軍略だけで終わってしまっているように感じます。

その雪斎は、徳川家康に大きな影響を与えた人物としても有名です。竹千代と呼ばれていた幼少期、人質として駿河国にやって来て、雪斎がこの臨済寺で教育係として学びを与えたそうですが、実際には、竹千代が来てから雪斎が亡くなるまではほんのわずかな期間でしたから、人間形成のすべてを身につけるのは難しかったはず。それよりも、家康は幼少期をここで過ごしながら、どうやって生き残っていくかを、いつも考えているような人ではなかったかと私は考えています。

当時、人質は厚遇されていました。屋敷や名前を与えられ、生きるには苦労しない、しかし何かあれば殺される。そんな状況の中で家康は、今川家の内情をつぶさに見つめ、いずれは岡崎に帰って人を導けるよう、生き延びようという強い気持ちを抱いたことでしょう。雪斎も、必死に生き残ろうとしている竹千代を見て、何か感じるところがあり、だからこそ教育に熱を注いだのかもしれません。

私が修行時代、そして住職に就いたばかりの頃の臨済寺は、今川家の菩提寺であるにも関わらず、今川家の墓は小さなものが一基あるだけでした。毎日唱えるお経も、まず読み上げるのは東照大権現。徳川の霊廟はあれど今川氏の霊廟は非常に粗末で、今川忌なども行われていませんでした。しかし今川家に縁深く、その御霊を祀る菩提寺であるなら、今川氏の安寧をこそ祈念すべきではないか。そう考え、さまざまな部分を変えていきました。三つ葉葵だった寺の紋を今川家の紋である五七の桐に。東照大権現からご供養していた毎日のお経を、今川家の法名を読み、武田家を読み、徳川家を読む、というふうに。今川忌も、行うようになったのは約二十年前のことです。

そして、この法要を続けていくには、今川家の格式に合う霊廟を作るべきではないかと思い至りました。もとは身内で募金を集め、臨済寺だけの行事として行う予定でしたが、偶然にも五百年祭を行う話と重なり、お声がけいただいた結果、各方面から多くのご支援をいただく運びとなりました。科学的ではありませんが、それでも私は「義元公が生きている」と感じたのです。ひっそりお披露目するのではなく、多くの人に知っていただくきっかけになった、それこそが、義元公の思いだったのかもしれません。

生誕五百年の節目を迎えた今、義元公があらためて評価され、功績が見直されていることに感慨を覚えます。一方で、私は住職としてこの寺をお守りし、今川家の御霊が安らかならんと祈るばかりです。

同時に、五百年祭が一過性のイベントに終わらず、今後も引き続き今川氏について静岡市民が知り、今川氏について学ぶ機会を何らかの形で続けていっていただきたいと心から願っております。

臨済寺の大方丈（本堂）は、江戸時代前期の建立で国の重要文化財。
「勅東海最初禅林」の額は、駿河の勅願寺であったことを示す

今川ゆかりの地めぐり

文・写真／高橋秀樹
旅行企画・実施／そふと研究室

「小和田先生」と巡る今川家ゆかりの地

静岡市内には今川家と縁の深い歴史スポットが点在している。今川義元公生誕五百年祭記念事業の一環として、2019年5月3日に「今川家ゆかりの地を巡るバスツアー」が行われた。

歴史学者で、五百年祭推進委員長の小和田哲男氏の案内で、参加者43人が今川ゆかりの史跡を訪ねた。

ツアー行程

駿府城公園
▼
臨済寺
▼
駿府匠宿
▼
吐月峰柴屋寺
▼
清見寺
▼
駿府城公園

歴史学者／小和田哲男委員長

山門で睨みをきかす仏教の守護神、仁王像（阿吽、金剛力士像とも）。明治時代の神仏分離令によって、静岡浅間神社から臨済寺に移された

僧堂は修行僧の専門道場であり、普段は原則非公開。今川義元の命日（5月）と、魔利支天祈祷会（10月）の特別公開のみ拝観できる

臨済寺

義元の原点、禅寺臨済寺

駿府城公園を出発して、麻機街道を北に向かい城北公園付近から細い通りに入ると、正面に堂々たる山門が見えてくる。臨済宗妙心寺派の専門道場である臨済寺だ。山号は大龍山。仁王像が睨みを利かす山門をくぐり、石段を登ると柿（こけら）葺きの美しい大方丈（本堂）が現れる。臨済寺は、今川家の菩提寺だ。

臨済寺の前身は善得院という。享禄年間（1528〜1532年）、今川家7代目氏親が、出家した五男の梅岳承芳（せんがくしょうほう）のために建立したお寺だ。承芳こそが、後の今川義元である。

氏親の死後、嫡男の氏輝が8代目の家督を継いだが天文5（1536）年、24歳で急逝。その跡目をめぐって承芳と氏親の三男で、同じく出家していた玄広恵探（げんこうえたん）との間で争いが起きた。「花蔵の乱」である。結局は、承芳が勝ち、恵探は自刃。還俗した義元が9代当主となった。18歳であった。義元は兄氏輝を善得院に葬り、寺名も善得院から臨済寺と変えた。つまり、現在の寺名は義元によるものだ。

今川義元と兄の氏輝の木像。義元が若くして亡くなった兄・氏輝を葬った寺であり、善得院から臨済寺と改めた

臨済寺

威容を誇る山門とその背後に賤機山。賤機山には今川氏の詰め城があった

臨済寺は、禅寺で修行道場である。堂内や庭園を拝観できるのは春と秋に行われる特別公開のみで、あとは原則非公開である。あくまでも修行僧のための道場なのだ。堂内は質実剛健という言葉が似合う。凛とした空気が流れている。

小和田氏は、今川家と仏門の関係について、こう話す。

「氏親は、5人の男子のうち3人を寺に入れています。理由の一つは兄弟の家督争いを未然に防ぐためと、もう一つは寺で学問をつけさせること。当時、寺のお坊さんは大抵、漢文を読みこなしました。寺には『論語』や、『孫子』や『三略』といった兵法書も蔵書としてあったと思います。義元も、そういう環境の中で育ちました」。 義元は4歳で仏門に入ったと伝わる。最初に入ったのが富士山麓にあった善得寺(現在は廃寺)で、その養育係を務めたのが、九英承菊、後の太原雪斎だ。雪斎は、庵原城主の子として生まれたが仏門に入った。禅宗の僧侶でありながら義元の〝執権〟、〝軍師〟として政治、外交、軍事面で義元を支えた人物として有名である。

新しく建立された義元と氏輝の位牌が並ぶ神廟

今川氏の人質となった竹千代丸（家康）の手習いの間。武田氏侵攻で焼失した臨済寺を再興したのも家康だ

三 今川氏の菩提寺である臨済寺を訪ねる――。

承芳の養育係であり兄弟子にあたる雪斎は「承芳に京都の禅寺で修行させたい」と考えるようになり、氏親の許しを得て、京都の建仁寺の門を叩いた。建仁寺は臨済宗で、室町幕府3代将軍・足利義満のときに定められた京都五山の一つ。五山には、ほかに天龍寺、相国寺、東福寺、万寿寺があり、その上に別格として南禅寺があった。

「当時、京都五山では五山文学が盛んでした。中国の典籍に通じ、自ら漢詩文を作るというものです。承芳も、この五山文学にのめり込み、公家たちの間でも評判となるような漢詩を作っていたようです。ただ、〝本当の禅を京都の禅寺で学ばせたい〟と思っていた雪斎は、承芳を連れて、建仁寺を飛び出しました。その後、修行を重んじ、厳しい禅風で知られる妙心寺の門を叩き、大休宗休の教えを受けています。後に義元は宗休を招き、臨済寺を開山しました」（小和田氏）

幼少期から少年期にかけての仏門での修行、太原雪斎との出会い、京都での日々は、義元の人生にとって大きな影響を与えたことは、間違いないだろう。

連歌師の宗長が今川氏親から与えられた草庵が吐月峰柴屋寺の前身。京都の東山を模した竹林も風情がある

宝物のひとつ「文福茶釜」は、室町幕府８代将軍、足利義政から賜ったと伝わる。一休和尚ゆかりの鉄鉢も残る

外交面で支えた連歌師宗長

臨済寺を後にして、一行は丸子へ向かった。旧東海道の丸子（鞠子）宿があったところだ。江戸時代には本陣１、脇本陣２、旅籠24軒と比較的小さな宿場だった。名物はとろろ汁で、松尾芭蕉は「梅若菜鞠子の宿のとろろ汁」と詠み、十辺舎一九の『東海道中膝栗毛』にもとろろ汁が登場する。慶長元（１５９６）年創業という「丁子屋」は、いまも健在だ。近くには「駿府匠宿」という施設がある。今川、徳川時代から受け継がれてきた静岡市の伝統産業と歴史をテーマにした体験型の施設だ。

駿府匠宿から、少し歩いたところに吐月峰柴屋寺がある。寺伝によると、室町時代の中期永正元（１５０４）年に連歌師の柴屋軒宗長が草庵を結び、閑居したところとある。うっそうとした木々に埋もれてしまいそうな佇まいが、いかにも草庵といった味わいだ。

宗長は、駿河国島田の鍛冶師の子として生まれたと伝わる。寛正６（１４６５）年に出家した後に、６代当主今川義忠に

三 今川家に仕えた連歌師・宗長ゆかりの古刹

「天柱山吐月峰」は近くの天柱山から昇る月を表現したもの。現在でも観月会が開かれるほど森閑とした地

門前にひっそりと佇む句碑。「とどまれば澄む水なれどとどまらず」

本堂から眺める庭園は小さいながら岩清水を引いた池があり、蛙が鳴く、味わい深い庭だ

仕えたが、義忠が遠州出兵で戦死すると駿河を去り、上洛した。京都の連歌師・宗祇に学び、また「一休さん」で知られる大徳寺の一休宗純に参禅し、宗純亡き後、その菩提を弔ったという。寺の宝物の一つに一休和尚から賜ったと伝わる鉄鉢が残っている。

宗長は、明応5（1496）年、駿河に戻って、今川氏親に仕えた。京都で師事した宗祇の没後、宗長は連歌界の第一人者となったようだ。

ちなみに〝急がば回れ〟は、宗長が詠んだ和歌が語源とされる。

和歌や俳句に比べて、連歌は馴染みが薄い。

簡単にいえば、2人以上の人が、和歌の上の句（五・七・五）と下の句（七・七）を互いに詠みあっていく形式の歌だ。小和田氏は、連歌について、こう話す。

「和歌は公家たちに、連歌は戦国武将に好まれました。武将が連歌を好んだ理由の一つとして、複数の人が詠むことで、お互いの意思疎通を図りました。主君や家臣が集まって連歌会を開いたのは、連帯感を常に培っておくためであっ

東海道本線を跨いで山門へと至る。背後に座る山は旧東海道の難所であった薩埵峠へとつながる

方丈には、味わい深い書画が多く飾られており、心落ち着く空間になっている

庭の形式は築山池泉廻遊式。最初の築庭には徳川家康の意向が入れられ、江戸時代初期に山本道斎によって作られたと伝わる

たと思います。もう一つ、出陣前に連歌会を開いて、歌を神前に奉納し必勝を祈願する慣わしもありました」。宗長は今川氏の「お抱え連歌師」であった。

また、有力な武将や公家との交際も広く、その交流から得た情報を氏親にもたらす〝外交顧問〟としての顔も持っていたといわれる。

要衝の地となった清見寺

最後に訪ねたのは清見寺である。かつて関所があったところだ。

寺伝によると、創建は奈良時代とされ、鎌倉時代の中頃、関聖上人によって弘長2（1262）年再興された。しかし、鎌倉時代以降の動乱によって荒廃。室町時代になると足利氏の庇護を受け、天文8（1539）年に、太原雪斎によって臨済宗妙心寺派の寺院として復興した。以降、臨済寺とともに、駿河国の臨済宗興盛の中心となった。

足利一門である今川氏は駿河国を拝領した後、清見寺を庇護。永享4（1432）年、室町幕府第6代将軍・足利義教が駿河に下向した折、今川氏は、清見寺でもて

清見寺

本堂の後ろの山に登ると清水港や三保半島が一望できる。かつては門前まで海岸で風光明媚な寺だった

およそ600年前に鋳造された梵鐘は、豊臣秀吉の韮山城攻略の際に徴用されたものと伝わる

江戸中期の彫造と伝わる五百羅漢像。古来より亡者供養のひとつとして、その面影をたどり供養した

なし、和歌などを詠んでいる。〝涙で描いた鼠〟で知られる禅僧の雪舟や連歌師の宗長も来遊。雪舟は山上の庵室に逗留し、画想を練ったと伝わる。

いまの清見寺は山門の下を東海道本線が走り、埋め立てによって海が遠くなっているが、かつては、目の前が海で背後には山が迫る風光明媚な寺であった。裏返すと、東には旧東海道の難所の一つ薩埵峠があり、地勢学的には自然の要害だった。それだけに戦乱となると争奪の的となり、武田氏の駿河侵攻や徳川氏の甲州攻めなどで戦禍をこうむっている。

豊臣秀吉の小田原攻めの際は、一時本陣となり、梵鐘が徴用されたと伝わる。いまも残る梵鐘には兵が引きずった痕が残っているという。

話は今川時代に戻る。「義元は、京都五山文化に触れたこともあって、臨済寺などで木版の印刷事業を行っています。駿河版と呼ばれ、『聚分韻略』(漢字の一種の辞書)と中国の史書『歴代序略』の二つが知られています」と小和田氏。そのうちの『歴代序略』の版木が清見寺に残されている。

賤機山の麓に位置する静岡浅間神社。
駿府の守護神ともいえる神社である

今川ゆかりの地めぐり

山科言継が見た駿府のまちウォーク

今川義元の時代、駿府はどういうまちだったのか。京都の中級公家であった山科言継の『言継卿記（ときつぐきょうき）』に、約半年間の駿府滞在記が残されている。今川復権まつり開催期間中の2019年5月4日～6日には「山科言継が見た駿府のまちウォーク」が計4回開催され、延べ138人がツアーを楽しんだ。

人脈作りに長けていた山科言継

山科家は藤原北家四条家の分家で、朝廷の管絃や服飾管理を家職とする中級の公家であった。言継（1507～1579年）は、和歌や蹴鞠のほかに医薬にも詳しい人物だったようだ。

応仁・文明の乱以後、荘園からの年貢に頼っていた朝廷の台所事情は戦国大名の台頭によって厳しさを増していた。そうした中で、朝廷の内蔵頭として財政の建て直しを任されたのが言継であった。当時、朝廷の収入の多くは諸大名か

ツアー行程

臨済寺
◀
富春院
◀
静岡浅間神社・文化財資料館
◀
報土寺
◀
駿府城公園

静岡浅間神社・文化財資料館

寿桂尼の肖像（正林寺所蔵）　撮影／水野茂

言継卿記弘治２年の原本（東京大学史料編纂所蔵）

らの献金で、言継はその獲得に奔走した〝人脈作り〟の公家でもあった。

今川氏と京都の公家の関係は深い。今川義忠の娘が正親町三条実望（おおぎまちさんじょうさねもち）に嫁ぎ、氏親の正室である寿桂尼は中御門宣胤（なかみかどのぶたね）の娘だ。そうした婚姻関係があり、正親町三条家、中御門家の当主や一族が今川氏を頼ってきており、彼らにつながる諸々の公家が下向してくるようになった。山科言継の養母・黒木の方が、寿桂尼の妹。そうした縁もあって駿府への下向が実現したようである。

弘治２（１５５６）年９月末から翌３月初頭までの約半年間、駿府に滞在しており『言継卿記』には、駿府での日々が克明に記録されている。小和田哲男氏は「言継は、戦国史研究家にとって足を向けて寝られない人物。約50年にわたって書かれた『言継卿記』は貴重な史料」と話している。

駿府の暮らしを綴った『言継卿記』

言継の駿府滞在記を読むと、まるで

山科言継が稚児舞を堪能した静岡浅間神社

舞殿の向こうに見えるのが大拝殿。浅間造と呼ばれる２階建ての建築様式は全国的にも珍しい

「今川復権まつり」の期間中に、神社内の文化財資料館において今川氏ゆかりの史料が展示された

市民ガイドの解説に熱心に耳を傾けるツアー参加者

〝グルメ日記〟だ。駿河の特産品を味わい、酩酊するほど酒も飲んでいる。食膳には、海老、鰹、鮑、興津鯛といった駿河湾の海の幸が並び、山芋や干し柿、茶、ミカンといった山の幸も差し入れられている。イルカの肉とゴボウの差し入れもあり、おそらくイルカの味噌煮が膳に上ったであろう。大豆の発酵食品である「浜名納豆」は、いたく気に入ったようで、そのレシピまで教えてもらっている。言継は、そうした饗応に対して、太刀や扇、墨、筆、反物、薬などを贈っている。いずれにしても、当時の駿河の豊かな食文化の一端を窺い知ることができる。

言継が今川義元に面会したのは11月19日だ。今川氏の重臣や公家も会して、歌会が催され、酒宴になった。20日には義元の嫡子・氏真（五郎殿）とも面会し、酒宴となっている。21日には寿桂尼を訪ね、義元も同席、酒宴。料理に舌鼓を打ち、言継は「前後不覚になるほど飲んだ」「大方（寿桂尼）も太守（義元）もご機嫌で、太守は下戸だが十数杯飲んだ」と記している。

言継は、同じ公家の出身で親戚という

清見寺に伝わる太原雪斎の木像。雪斎がなくなった後に彫られたものといわれる

駿府城周辺の発掘調査で発見された金箔を貼った素焼きのかわらけ。駿府城跡「発掘情報館きゃっしる」にて

今川氏親の木像。氏家に仕えた連歌師・宗長ゆかりの柴屋寺の所蔵

※このページに掲載されている収蔵品は、「今川義元公生誕五百年祭」に合わせ行われた「東海の覇者　今川義元と駿府」展で期間中（平成31年4月27日〜5月26日）のみ、静岡市文化財資料館で展示されました。

こともあって寿桂尼とよく会っていたようだ。〝女戦国大名〟とも称される寿桂尼だが、風呂好きであったらしい。日記には「大方は湯山（油山温泉）に湯治に出かけておられて会えず」「大方から風呂に入りに来るようにと使いが来た」「訪ねたが、大方は入浴中だった」といった内容の記述がある。

旗印となった静岡浅間神社「赤鳥」

言継は駿府滞在中、京都東山知恩院の末寺である新光明寺で起居していたようだ。浄土宗の寺で、現在は葵区足久保に移っているが、その別院は駿府城公園にほど近い伝馬町にある。言継は、同じ浄土宗の報土寺に詣でている。この寺では、駿府に流寓していた公家たちが歌会を催したとも伝わる。境内には和歌の名手といわれた冷泉為和の〈代々かけて軒のかわらにむす苔も緑あらそふ松の気だかさ〉という歌碑がある。

ウォーキングツアーでは静岡浅間神社を訪ねた。静岡浅間神社は、神部神社・浅間神社・大歳御祖神社の総称で、

報土寺は大永 2（1522）年に開山された浄土宗の古刹。たびたび京都の公家たちが歌会を催したと伝わる

赤鳥の旗印

今川初代の範国が用いた旗印。その形は女性が櫛の垢を取る「垢取り」を模したものである

言継が駿府滞在中に公家たちと交流した報土寺

駿府城公園

古来より静岡の総氏神として信仰されてきた。浅間神社には今川氏との関係を物語る〝伝説〟が残る。それは、今川氏の旗印「赤鳥」の由来だ。今川家初代当主・範国は、美濃青野原の戦い（1338年）で、「赤鳥」の旗印を思いつき使った。その武功によって駿河の守護職を任せられた範国は、最初に浅間神社を詣でた。その際、「赤鳥」は、神部神社の神様のお告げによるものであったと知り、以来、「赤鳥」は今川氏の旗印になったという。

言継は、浅間神社の「廿日会祭」で稚児舞を桟敷から見物している。義元の家来や公家たちも参列。寿桂尼や浅間神社から料理や酒の差し入れがあり、稚児舞を「趣のある見物だった」と、堪能している。現在でも4月上旬に廿日会祭が行われ、稚児舞が奉納されている。言継が書

天守台の発掘調査が進む駿府城跡。今川館も、この辺りにあったと推測されている

報土寺

き残した稚児舞に関する記録は最古のものともいわれる。

その滞在中、京都に見立てて名付けられたという説のある清水寺や今川家の菩提寺である臨済寺も訪れ、仏殿と方丈を見学。筆と茶碗を贈り、酒を振る舞われている。また、「各所見物を太守（義元）から命じられ」、1泊2日の小さな旅もしている。久能観音、ついで羽衣の松を見物し〈いつまでの見るめもあかし浦波に釣するあまの羽衣の松〉と詠んだ。その足で「三浦（三保）の大明神（現在の御穂神社）」を参詣。拝殿で音曲を聴き、飲食し泊まっている。翌日、三保から船に乗り、清見寺を訪問。「景色のすばらしさは言葉にできない」と記している。

ともあれ、義元の言継への饗応ぶりは大変なものであったようだ。毎日のように、今川氏一族や家臣、知人と交流し、酒宴を開いて互いをもてなしている。茶会、音曲、和歌、聞香、蹴鞠を楽しんでいる様子は優雅な宮廷生活を思わせる。言継は、養母の黒木の方や寿桂尼たちと十炷香（聞香）を楽しんでいる。言継らが催した十炷香を簡単にいえば、十種類の香

言継が見た駿府は今川氏の黄金期だった

言継は臨済寺を訪れ、仏殿と方丈を見学している。筆・茶碗を贈り、酒を振舞われている

市民ガイドのスタッフによる説明を聞き、小グループに分かれてツアーを堪能した

臨済寺

ウォーキングツアーの出発点となった臨済寺には多くのツアー客が集まった

木を順不同に焚いて、その香りを聞き分ける遊びで、懸賞も出た。

当時、朝廷の財政は火の車であり、その建て直しを任されていた言継は激務の日々。駿府滞在はつかの間の癒やしだったのかもしれない。しかも、ただ〝人脈作り〟の達人だけあって、言継は義元からの献金をしっかり獲得している。

今川繁栄をもたらした経済政策

言継が訪れた弘治2、3年の駿河は平和で繁栄した今川氏の絶頂期ともいえる。「商人のことは商人にまかせよ」という〝民活導入〟によって税収は上がった。清水や焼津湊の水運事業にも乗り出し、さらに安倍川や大井川上流での金採掘によって、今川氏の財政は潤った。

ところで言継が義元や寿桂尼を訪ねた今川館は、どこにあったのか。詳しい位置についてはいまだに解明されていない。もっとも有力なのは現在の駿府城公園のある場所という説。発掘調査によって、駿府城跡のさらに下層から戦国時代の高価な粒金や金箔をはった「かわ

かつて近くに義元を葬った天澤寺（廃寺）があった。現在は富春院に墳墓の旧蹟や位牌が伝わる

義元の墳墓の旧蹟。境内にある墨崎延命地蔵尊には義元ゆかりの伝説が伝わる

富春院

らけ」、陶器、銭貨などが出土している。

山科言継が駿府を訪れた弘治2年の前年に義元の〝懐刀〟であった太原雪斎が没し、翌年3年には再び第3次川中島の戦いが起きている。言継が駿府を去った4年後に義元は桶狭間で討死した。〈昨日なし明日またしらぬ人はただ今日のうちこそ命なりけり〉と、義元は詠んでいる。

ウォーキングツアーでは、麻機街道沿いにある臨済宗の富春院を訪ねた。ここには義元の慰霊塔（墓）や位牌が残る。桶狭間で討死にした義元の首は織田信長の元にあったが、今川氏の家臣であった岡部元信が拠点にしていた鳴海城（名古屋市）を織田軍に明け渡す代わりに、首をもらいうけ駿府に持ち帰った。

今川10代当主となった氏真は、天澤寺（明治時代に廃寺）という寺を創建し義元を埋葬したと伝わる。富春院は、天澤寺をルーツとした寺といえる。

今川義元公と静岡浅間神社

静岡浅間神社 宮司
櫻井 豊彦

静岡浅間神社は遙か二千百年前よりこの地に祀られ、この地方に赫々たる御神威を発揚し、この地域に寄り添って歴史を積み重ねてきた訳ですが、これまでの歴史の中で、最も有名な静岡浅間神社の崇敬者は、やはり徳川家康公だと言えるでしょう。家康公以来、幕末まで徳川歴代将軍が神々に崇敬の誠を捧げて参りました。現社殿群も十一代将軍の時代に着手され六十年間の長きに亘った大造営ですし、その前の社殿の大造営は、三代将軍家光公により日光東照宮と同時に営まれております。それは、家康公が崇敬した神社であるからです。

それでは、家康公がなぜ静岡浅間神社を崇敬するようになったのかというと、それは「海道一の弓取り」と称された今川義元公の存在抜きには語れないでしょう。家康公は幼少の砌、今川義元公の元に人質としてやって参りました。そして駿府にてその当時最高水準の「今川文化」を目の当たりにし、最先端の学問や教養を身につけました。その頃は、ことあるごとに浅間神社に足を運んだことでしょう。

そして、成長すると義元公が烏帽子親になって、浅間神社にて元服式を執り行います。正に家康公の出発の地が静岡浅間神社なのです。

この元服式の折に、義元公が当時の竹千代に与えたものが二つあります。一つは甲冑です。これは今でも浅間神社に宝物として大切に保管されております。二つ目は名前です。義元公が自らの名前の一文字をとり、「元信」という立派な名前を授けております。それ程、義元公は家康公の能力や人格を深く買っておられたのだと思います。

つまり、静岡浅間神社は、今川家から徳川家にバトンを渡した場所だと云えるのではないでしょうか。

その四年後、義元公は桶狭間で敢え

なく織田信長に討たれてしまうわけですが、この折にも、戦に出かける前に、浅間神社にて祈願祭を執り行っております。当時、久能寺の僧侶が舞を奉納する「三月会」という大きな祭事がありました。この装束一式を新調し、武運長久を祈りました。この時には、家康公も今川家の武将と一緒に大前にて祈りを捧げたはずです。

その後、家康公は、幾度の困難を乗り越え天下統一の道を進んだわけですが、やはり、今川家に身を寄せていた時の教育が、家康公の人格形成に非常に重きをなしたことは、周知の事実ですし、義元公の思い、今川家の思いを背負い、義元公が浅間神社の神前にひた向きに拝む後ろ姿に倣って、自らも浅間の神々に祈りを捧げながら「厭離穢土、欣求浄土」の世の中を作っていったのではないでしょうか。

今川義元公がいなければ、徳川家康公の天下取りも叶わなかったでしょう。正に、「今川義元公無くして徳川家康公なし」といったところではないでしょうか。

更に今川家と静岡浅間神社の関わりに関して少し述べさせていただきます。

今川家は初代範国公が駿河国の守護として延元三年（一三三八年）に駿河入りしてからおよそ二三〇年の間、静岡浅間神社に対して多大なる崇敬の誠を捧げてまいりました。

範国公は、駿河入りしたその足で、駿河国の国府にあった駿河国総社である浅間神社にお参りをしたという記録が残っております。

そして、その折に浅間神社の神の御神託により、範国公が先の戦で初めて使用した旗印の赤鳥紋は、浅間神社の神から授かったものだということを知ります。

また、能の始祖である観阿弥が、静岡浅間神社で生涯最後の申楽を舞ったことは有名ですが、なぜ観阿弥が浅間神社で舞ったのかというと、それは今川の当主範国公が招いた訳でして、五月五日の流鏑馬祭の前日に奉納し、その十五日後の五月十九日に範国公と同日に亡くなっています。そして、今川義元公のファンなら五月十九日と聞くとピンと来るでしょうけれども、この日は今川義元公が桶狭間で生涯を終える日でもあります。何か不思議な因縁を感ぜずにはおられません。

最後に、義元公の父上である氏親公と、嫡男である氏真公が、浅間神社を詠んだ歌が伝わっておりますので、茲に紹介致します。

けふよりは さしてそいのる 夏衣
賤機山の神の榊に　氏親

しずはたや 曇らぬ花の神垣は
春にやはらぐ光そふらむ　氏真

今川家が、範国公以来十代氏真公迄の二三〇年間、浅間神社に祈りを捧げ続けたことがこれらの歌から垣間見られるかと思います。

さて、この度は「今川義元公生誕五百年祭」の無事の催行、誠におめでとうございます。郷土の英雄であり、静岡浅間神社とは切っても切れない深い繋がりのある今川家に脚光が当たることは大変意義深く、慶賀の至りに存じます。今後更に「今川復権」がなされ、今川家のこと、今川義元公のことが、子々孫々まで語り継がれることを心より祈念致します。

戦国武将から見た今川義元

文／大石泰史

1965年生れ、静岡市出身。東洋大学大学院日本史学専攻修士課程修了。博物館展示プランニングを提案する「大石プランニング」を主宰。著書に『井伊氏サバイバル五〇〇年』（星海社新書、2017）、『今川氏滅亡』（角川選書、2018）がある。現在、静岡市文化財保護審議会委員、静岡市歴史文化施設（仮称）展示監修を務める。2020年NHK大河ドラマ「麒麟がくる」の古文書考証を担当。

はじめに

従来、今川義元は、いわば〝時代遅れの武将〟〝マイナスの大名〟の代表と認識された。それは、義元が永禄3（1560）年5月19日、尾張国の桶狭間において、戦国時代を終わらせた若き織田信長によって討ち取られたことによる。今川家は、代々和歌や連歌・蹴鞠・茶道など文化的な行事をたしなみ、かつ足利家の分家でもあったため、京都との関係が密接で、「お歯黒」もしていたと伝わる。さらに、桶狭間には壊された塗輿が遺されていたため、尾張への行程では塗輿に乗って西上したとされた。こうした義元個人および今川という家柄から、「戦国」という荒々しい時代にふさわしからぬイメージ〝公家かぶれ〟というレッテルを貼られてしまった。

近年、ようやく彼に対する正当な評価が下されはじめ、和歌や連歌、蹴鞠といったものは、当時の武将として必ず持っているべき素養であり、お歯黒や輿に乗るといった行動は、彼の高い家格を明示していた、という〝プラス〟の評価がされはじめたのである。

ところで、いま述べた評価は、現代に生

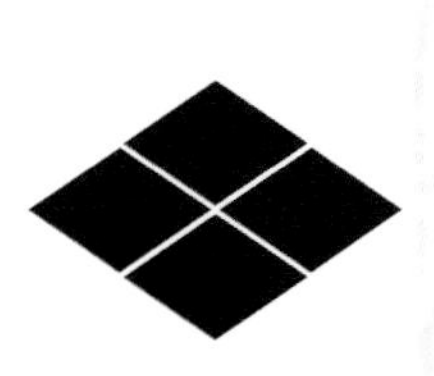

きる私たちが「戦国大名今川義元」に対して下したものであるが、義元と同時代に生きた他の武将たちは、彼をどのように評していたのだろうか。「朝倉宗滴話記」（『続々群書類従』十輯）によると、「日本の国持、人つかいの上手、よき手本と申すべき人」として今川義元・武田晴信（信玄）・三好長慶・長尾景虎（上杉謙信）・毛利元就・織田信長・正木時茂の7人が挙げられており、義元はその筆頭で登場している。同書は越前の戦国大名朝倉家の七代目孝景の末子教景（宗滴）の雑談を、側近であった萩原某が筆記したもので、成立は16世紀中～末頃、教景の戦闘体験をもとに綴られた教訓、戦国武将の心得等が記されているという（平凡社『世界大百科事典』第2版）。本書を信じるならば、義元は戦国中期に信玄・信長等と比肩する人物と考えられていたとしてよい。

となれば、他大名が義元をどのように見ていたのか、あるいは感じていたのかを知ることで、義元への評価が変わってくるかもしれない。同時代史料に明示されていないが、政治情勢を分析して彼の動向を明確にすることで、類推していくことにしたい。

北条氏

河東一乱の過程で

北条氏から見た義元像

「理想を求めすぎた裏切り者」

義元は、天文5（1536）年3月に兄氏輝とその次席であった彦五郎の同日における死没後、5月に庶兄玄広恵探に勝利（花蔵の乱）して今川家の家督となった。従来、彼は父＝氏親、母＝寿桂尼という嫡流であり、太原崇孚雪斎の助力もあって家督継承を有利に進めたとされたが、近年では彼が庶流との説も出てきた。とは言うものの、彼が家督を継いだ段階で、北条氏（当時は伊勢宗瑞〈一般に言う「北条早雲」〉の嫡男氏綱）が最も早く接触した他国の戦国大名であったと言えよう。なぜなら玄広恵探を攻撃し、死に追いやったのは氏綱だったからである（妙法寺記）。

義元は氏綱の援助なくして家督を継ぐことはできなかったであろう。しかし天文6年2月、義元は父氏親、さらには兄氏輝が示していた親北条・反武田という外交姿勢を突如として一転させ、親武田という方針を打ち出した。当時、義元は18歳であったから、家を存続させるため

に正妻を迎えて世継ぎを、となるのは今川という「家」だけでなく、大名という「今川家」にとっても当然のことであった。その際に義元の許に入嫁したのが、甲斐武田信虎の娘（後の定恵院〈じょうけいいん〉）である。この仕儀に、氏綱は「色々ノサマタケ」（妙法寺記）を施したものの奏功せず、合戦に発展した。これが河東一乱（第一次）である。

　ここで、なぜ義元が親武田という方向転換を行ったのかについて考えてみたい。何しろ義元が若いとはいえ、家督継承時に協力者であった氏綱が「メンツを潰された」ことで反発するのは明らかで、加えて当時の社会慣習上、それに対抗して合戦に及ぶ可能性があることも理解していたはずである。にもかかわらず実行したこの行動は、あまりに唐突すぎる。それでも義元が武田氏と縁を結んだのだから、やはり大きな理由があったと考えるべきだろう。しかし、これに関する史料は存在しないため想像するしかない。そこで、戦国期の今川・北条・武田三氏の関係系図（図1）を参照していただきたい。

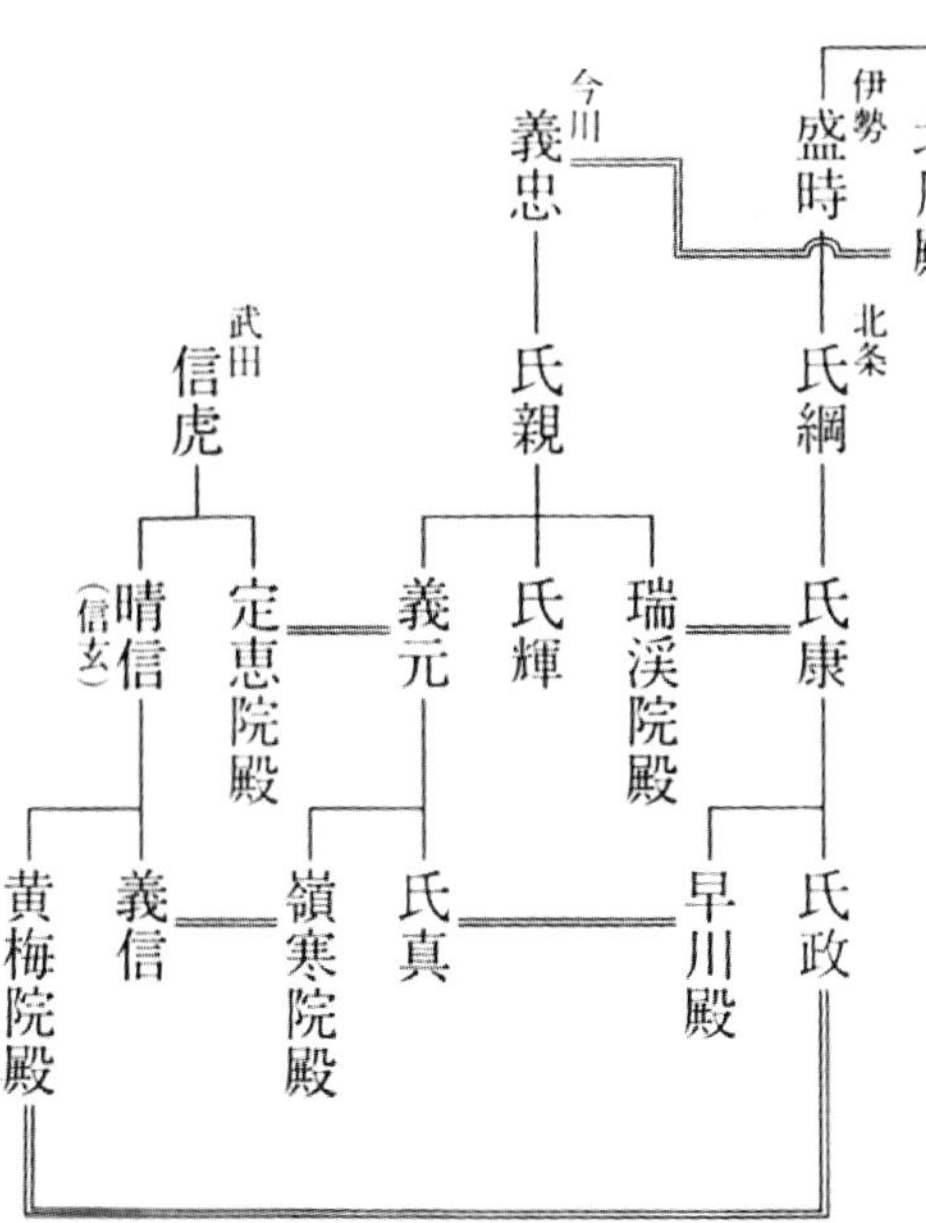

（図１）戦国期の今川・北条・武田三氏の関係系図
＝＝＝：婚姻関係を示す

　氏真と同世代にあたる人物たちは、天文19年以降に成立する「駿甲相（すんこうそう）三国同盟」に関わっているが、ここでは義元以前の人物を中心に見てほしい。今川家と北条家は、周知のように氏親の代には親族として、次に氏綱とは明確でないが、おそらく氏綱の「氏」字は氏親からの偏諱（へんき）授与と考えられるため、「擬制的」な見做（みな）しの親子になったといえる。さらに氏親の娘が氏綱の嫡男氏康に嫁ぐことで、幾重にもわたる親族・姻族としての関係が築かれていった。一方、武田氏とはそれまでそのような関係性はまったく存在せず、義元による定恵院との婚姻で初めて深い関係になったといえる。

　これを受けてであろうか、時代小説家の鈴木英治氏は義元・崇孚が三国同盟の先駆けを考え、両者の婚姻に至ったと考えた（『義元、遼たり』）。鈴木氏は、室町幕府第一二代将軍足利義晴による今川・武田同盟の斡旋も指摘しているが、この点については未詳と言わざるを得ない。しかし、「三国同盟の先駆け」の可能性を、すべて否定する訳にはいかない。私もその可能性を考えたからである。というのは、当時の大名・領主たちは、自らが治める領国・領域に住む領民たちの安寧を図る義務があった。特に駿河北東部の領民は、氏親・氏輝時代に幾度となく甲斐との合戦で出国したであろうから、義元は彼らのために何らかの手立てを講じなければならないと考え、代替わりにあたってその方向性を示そうとした可能性があるのだ。

その目論見は結局失敗に終わり、かえって氏綱を激怒させて天文7年10月には「駿州半分」に至るまで侵攻を受けた（快元僧都記）。これは、駿河郡（後の駿東郡）に領域を有していた駿河国衆の葛山氏には、氏綱の弟・八郎氏元が養子として入っていたので、北条氏は同郡へ容易に入り込めたと考えられる。同郡と西で接する富士郡には、北部に富士氏が存在していた。同氏は義元から家督を認められており、さらに富士郡南部にも一部権益を有して今川氏から安堵を受けていたため、今川氏と行動を共にする。つまり、河東一乱は吉原（富士市）などを中心とした富士郡南部の取り合いということとなる。

合戦を引き起こしたという点からすれば、これは「外交政策の失敗」といえよう。だが、その一方で武田氏と婚姻を結び、富士氏と良好な関係を維持しているため、駿河北東部の領民の「安寧」には、一部において寄与したであろう。

私は氏輝時代までの外交を「親北条・対武田」としていたが、義元に対しては「親武田」とのみ記して「反北条」とは表さなかった。合戦にまで至ってしまったため、最終的に「反北条」となったが、当初は理想＝地域の安定を追求せんがための「親武田」政策＝婚姻だったのではなかろうか。

その合戦も、天文8年の北条氏による蒲原城の攻撃を今川勢が耐えたことで、ようやく落ち着いてきた。再び両者が対峙するのは、天文14年になってからである。しかし、同年の春に聖護院門跡道増が将軍義晴による北条氏との和平令を持参して下向してきた。彼の在国中には両者も行動を抑えていたが、帰国後の7月に、両者は再度激突した（第二次河東一乱。このときの北条氏の家督は氏康）。義元は「関東の将軍」となぞらえることもある古河公方、北条氏と対立関係にあった山内（やまのうち）・扇谷（おうぎがやつ）の両上杉氏と連携し、最終的に駿河郡南部を領域として回復させ、同地域を支配下とした。

以上、義元家督継承後における北条氏との関係性を示した。おそらく先代の氏綱、当代の氏康ともに、義元を評したとするならば、〝裏切り者〟であることは否定できない。しかし、甲斐と接する地域の安定を考える領主としての立場からすれば、今川・北条のどちらもそれを追求すべきということは認識していたであろう。そのため単なる裏切りではなく、〝理想を求め過ぎた裏切り者〟と判断したかもしれない。

三国同盟にかけて

甲斐武田氏から見た義元像

前項で義元が家督継承後、最初に接触した他国の大名として北条氏を挙げたが、その次に関係を持った大名が武田氏(当時の当主は信虎)である。それは、前述のように天文6年2月以前のことであった。突然、両者が婚姻関係を持つことになったきっかけはどちらにあるのか。この点は判然としないが、義元に主体性があったと考えたい。

というのは、氏親・氏輝時代において今川氏は北条氏と共同で甲斐に侵攻しているが、その間、武田氏による駿河侵攻は記録が残されていない。つまり、今川氏は甲斐侵攻後に部分的にでも領域とした村等に対し、その領有を主張する＝駿甲国境での「国分(くにわけ)」交渉を有利に進められる立場にあったと言えるのだ。一方、信虎が主体的に両家の同盟に動くか改めて見直してみると、当時の信虎は甲斐国を制圧して間もないことから、国衆の再蜂起を避(さ)けたいがために今川氏に強力な主張、すなわち交渉で必要な「譲歩」を提示しない可能性があったであろう。このため、私は義元による積極的な「駿甲同盟」成立を想定しているのである。

そのうえで義元が「親武田」を明示していたとするならば、信虎側は今川方の要求

「そつがない」

（特に両国の国境における紛争等が確認されないため、単純な「国分」となったのではないか）を了承して定恵院を義元の正妻に、となったのではなかろうか。推測が重なったため、これ以上は控えるが、「国分」の際に武田氏は義元に対し、氏親・氏輝時代における甲斐侵攻への遺恨の払拭、北条氏による今後の甲斐侵攻停止の保証、といった二点については最低でも認めさせる必要があったと思われる。義元は前者について遵守できたものの、後者は天文7年5月に北条氏の吉田（富士吉田市）侵攻を許してしまった。結局同13年に両者の講和は成立するが（高白斎記）、そのときはすでに北条氏の当主が氏綱から氏康へと代わってしまっていた。

この時点における信虎から見た義元への評価は、氏親・氏輝時代の経緯を踏まえて駿甲同盟締結を成し遂げたことからも、〝そつがない〟人物と映ったのではないかと思われる。この点は天文10年に武田家の家督が晴信に移った際にも看取されるようで、周知のように晴信は、信虎を駿河に追放して身柄を義元に預けたが、その際義元は晴信に対し、信虎の隠居料や女中衆の化粧料を請求している（堀江文書）。

晴信は、第二次河東一乱時には義元に改めて与同し、8月11日に晴信と義元は善得寺で対面、起請文を交わした（高白斎記）。誓書交換の当日、晴信は二俣（浜松市天竜区）城代松井貞宗に宛てて今川・北条両家の和睦について、両家は血縁関係であり、両者の対立は寿桂尼の意向に沿うものではなく、長久保城の攻撃が継続すれば両者ともに負傷者・死者が多数となり、北条領が他領主に押領される可能性もある。氏康が死んでも後々所領が減少するかもしれないため、晴信は奔走していると述べた（土佐国蠹簡集残篇）。晴信の文書は義元が和睦に不満だったためで、義元は氏康を非難する一方で武田氏と合意したが、それでも不満を抱いていた。最終的に義元は三島まで攻め込み、河東地域を奪還した（妙法寺記）。

その後、両家に接点は確認されないが、

「危険な人物」

天文19年に改めて両者に接触の必要性が生じた。同6年に義元と婚姻関係にあった定恵院が病に罹り、死没したのである。両家は同盟関係を継続させるために翌20年、甲斐武田氏の居館に「御前(ごぜん)〈大名等の奥方〉を迎える」こととなった。この婚姻から後に言う「駿甲相三国同盟」が始まるのである。

天文21年、まず義元が晴信に起請文の案文を提出し、4月になってから晴信が起請文を義元に送り返してきて、11月に氏真の妹(後の嶺寒院殿〈れいかんいんでん〉※嶺松院殿〈れいしょういんでん〉とも)が輿入れとなった。彼女は駿河府中を発してから甲府の穴山武田館に到着し、深夜1時頃に新居へ入った。翌年、23年に晴信の娘(後の黄梅院殿〈おうばいいんでん〉)が氏康の嫡子氏政の許に入嫁することが約され、同年7月には義元嫡子の氏真と氏康の女早川殿(蔵春院殿〈ぞうしゅんいんでん〉)との婚姻が行われた。そのおりの伴の人々の装いはきらびやかで、見物人の多さは前代未聞であったという(勝山記)。このとき今川勢は、小田原から西上した早川殿を三嶋(三島市)で出迎えた。その後、同年12月に晴信の女が小田原に入嫁し、「駿甲相三国同盟」が成立して義元は自身の視点を西方のみに向けることとなった。

それ以前にも義元は西に向かって進軍していたが、同盟成立中、あるいは成立後の義元の行軍はかなりの勢力を誇っていたようで、天文19年9月における尾張侵攻時には越中国菩提心院(富山県富山市)日覚が、今川勢は「六万の軍勢」であったと述べている(本成寺文書)。日覚が直接6万という人数を見たわけではないと判断されるので、私たちはある程度誇張された数値と認識すべきである。しかし、多人数による侵攻という点からすれば、かなり本格的な軍勢であったと想定される。そうした尾張侵攻の情勢を受けてと思われるが、晴信は信濃国衆木曾義康に対して、「織田信長と斎藤道三は今川氏の敵である。私晴信は義元に入魂(じっこん)=とりわけ親密ということはご存知だろうか」と述べ、義康が信長・道三に味方しないよう牽制している。

こうした情勢下でありながらも、晴信はこの間、当時の同盟を結んだ諸将が確実に実施するであろう加勢=軍事支援を行ったようには見えない。それが今川氏の被官層には気に掛かるところだったのではないか。桶狭間合戦時には助勢したようだが(甲陽軍鑑)、後に文書では今川被官の中に「佞人之讒言(ねいじんのざんげん)」(心が捻じ曲がった人の中傷、岡部家文書)を氏真に申上する人物がいる、と晴信は述べている。このように見てくると、天文末~永禄にかけての義元は、晴信からすれば尾張織田家も攻撃し、美濃斎藤氏とも対峙しそうな状況を生み出す非常に〝危険な人物〟に映っていたのではなかろうか。だからこそあえて自ら兵を割(さ)いて尾張に出兵せず、「後詰(敵の後方から攻撃すること)」という牽制を行うのみに留め、自軍を数量的にも減少させない「現状維持」に注力したと考えられよう。

三河併合

義元と松平氏

第二次河東一乱を収束させた義元は天文15年、三河に侵攻を始める。今川氏と三河との関わりは義元の父氏親時代以来、約40年ぶりというかなりの年月が経過してのことだった。その際、松平氏の中で義元関連の文書に最初に見える人物は松平蔵人＝三木（みつぎ）〈岡崎市〉松平信孝である（松平奥平家古文書写）。そこには彼が同年11月下旬、苅屋（かりや）城〈刈谷市〉の水野信元の一族ともされる安心軒とともに駿河に在国していたことが記されている。しかもそのことを、太原崇孚雪斎ら今川氏の宿老層が三河国衆の牛久保〈豊川市〉牧野保成（やすしげ）に報告している。これによって、松平信孝・安心軒＝水野信元・牧野保成（やすしげ）という牛久保・三木・苅屋といった東三河から尾三国境に至るまでの三氏の間に、「連携」を想定することができる。

この時点で信孝は安城（あんじょう）〈安城市〉松平氏当主の広忠と対立関係にあったという。その彼が、駿河で追放・攻撃されることもなく在国していたため、今川氏も広忠と対立していたと考えられている。従来、安城松平広忠は、当初から今川氏に従属し、それにあたって嫡男の竹千代（徳川家康。後に元信・元康を名乗るが、ここでは元康で統一）を人質とする予定であったとされていたが、近年ではそれが否定され始めている（後述）。

義元は田原を完全に落とすのに一年近くかけてしまったが、その間、西三河への「足掛かり」とも言えそうな、医王山砦（岡崎市）の普請を仕上げた（天野文書）。その際、作手（つくで）〈新城市〉奥平氏にも普請の動員をかけており、天文16年8月には奥平氏も同砦の修築に尽力したようだ。そのため、同月25日に奥平氏当主の定勝ではなく、子息の仙千代（後の定能）と定勝叔父の久兵衛尉（系図では「貞友」）に対し、かつては松平氏の所領であった山中（岡崎市）を新知として与えている（松平奥平家古文書写）。

こうした状況から広忠が受けた義元の印象は、信孝を始めとした三河国衆に与する〝強大な敵〟であっただろう。というのは、義元の三河侵入時、西三河への威勢は未だ及ばないものの、田原（田原市）戸田氏を攻撃し、今橋城（豊橋市）を落としたからである。戸田氏は尾張国富田（とだ）庄が本貫地（出身）と考えられ、三河国額田（ぬかた）郡にも影響力を及ぼし、二連木（にれんぎ）〈豊橋市〉・田原に居点を据える、三河ではかなりの大勢力であった。その氏族の一角を陥落させた義元の威力は、強大なものとして広忠に植え付けられたのではないか。近年では、天文15年の東三河での合戦で、今川氏は敗北したとされる論文もある。たしかにその時点では史料もそのように読めるが、一年かけてでも今橋を落としたということからすれば、最終的には今川軍の〝勝利〟であり、それを目の当たりにした広忠はその勢力に目を見張ったであろう。

ところで同16年7月に山中の地を奥平氏に与えたとしても、松平氏が存在する以上、それが確実に履行される保証はない。しかも、同年9月中旬頃には反目していた広忠が、義元に恭順の意向を示してきた。9月28日、広忠は渡（わたり）・筒針（つつばり）〈どちらも岡崎市〉において先述の信孝と、彼に与する尾張織田信秀と合戦に及ぶが、その戦闘で義元は広忠に加勢した。その派兵理由は「竹千代相助くべく」である。広忠は先述のように、天文16年以前から継続する信孝らの連携に屈して9月上旬に織田信秀の軍門に降り、

「強大な敵」

元康を尾張に人質として提出した。通説では戸田氏が元康を駿河への道中に奪い、織田氏へ連行したとされていたが、真相は広忠による自主的な尾張への元康提出であった。

渡・筒針合戦以前には、今川氏の主筋で三河に影響力を及ぼしていた吉良氏（西尾市）が、氏親時代に今川氏と戦闘を繰り返した遠江・尾張の守護で、織田氏の主君でもあった斯波氏と縁戚となっている。また、同合戦時には安城に入っていた信秀に加勢すべく、同地に兵を移そうとしていた。西三河への侵入を開始し始めた義元にとって、広忠が和睦に合意することで、元康を助ける＝奪還するという大義名分を得たことにも繋がった。

そのため、広忠が信孝・信秀等と対峙する際に義元は、〝強力なバックアップ〟と感じたはずである。嫡男元康を人質として信秀に提出した広忠にとって、元康の返却要請・奪還は最優先の課題であった。そのための義元という大きな後ろ盾は、心強い限りといえる。

天文16年7月に未だ今川氏の領域となりきれていない山中であったが、義元が同地を与えるとの文書を奥平氏に発することで、今川氏は奥平のさらなる奉公を期待した。九月に広忠が今川氏に従ったため、山中が奥平・広忠どちらの領有となったのかは不明である。ただ、これによって同地が奥平・松平両者の係争地になることは明白である。にもかかわらず、今川氏が奥平氏に新知として与えてまで味方としておきたいという姿勢で臨んでいたのは間違いない。これはすなわち、三河において安城松平氏がそれなりの勢力を保持していたとはいえ、同国内の〝盟主〟になれるか、まだ明確でなかったということでもある。そのため、広忠は義元への不満を抱きながらも、元康奪還＝信秀と交渉するための非常手段として、三河に大きな影響力を持ち始めた義元に従属したと捉えられる。

天文17年3月19日、今川氏は織田氏と小豆坂で戦い、勝敗は明確でないが、その後三河支配を伸展させた（小豆坂合戦、記録御用所本古文書等）。翌年3月に広忠が没すると（愛知10一六八〇）、9月に吉良へ侵攻（士林証文）、同じ頃に安城も攻撃していた。11月に安城を陥落させるが、その際、同城を守備していた織田信秀の子信広を捕らえ、広忠の遺児元康との人質交換を行って奪還に成功した。

その元康を、義元は弘治元年3月に駿河府中で元服させた。現在、そのときの紅糸威腹巻（くれないいとおどしはらまき）が遺されている（静岡市浅間神社蔵）が、その後、今川氏の宿老の一人関口氏純の娘（後の築山殿〈つきやまどの〉）を養女としたうえで結婚させた。かつてこの人質時代の元康は〝不遇〟とされていたが、近年ではそのようなことはなく、敵方の攻撃を避けるための政治的支援・軍事的保護を目的として駿河府中に置いていたとされている。また、元服後には在地（＝岡崎）からの要求で文書も発しており（高隆寺文書）、桶狭間合戦後には氏真の命を受けて岡崎に入城した可能性のあることも明確になってきた。

「強力なバックアップ」

以上のことから松平氏にとっての義元は、やはり〝大きな後ろ盾〟と捉えられていたと判断される。松平氏自身が領主として存在するためには、当主であった元康を義元が支えていなければならなかったことを考えれば、当然である。この点については、従来の指摘と表面的には変わりがない。しかしその実態は、山中の地をめぐる奥平氏と松平氏の関係から明白なように、松平氏が当初から〝三河の盟主〟であったからではなく、義元が元康をいわば〝引き上げる〟ことで生じたものであったと位置づけられよう。

尾張侵攻
義元と織田氏

三河が不安定だった天文17年2月末頃、尾張織田信秀は小田原の北条氏康に宛てて、今川氏を挟撃しようと画策した。信秀に対する氏康は返信を認めるだけで、信秀の要請には応じなかった（古証文）。これは、義元の威勢を危惧した信秀が示した行動とも言えるが、一方で信秀が西三河へも大きな影響力を持っていたからこその文書発給と捉えられる。信秀と義元は、いつから対立していたのであろうか。

先に三河松平氏に関連して述べたが、近年では信秀が天文15年以前に今川氏と協調して松平広忠を攻撃したとされる。しかしこの後、広忠と対立する三木松平信孝が同年10月以前に信秀と連携して広忠の居する岡崎（岡崎市）近接の大平・作岡（つくりおか）・和田（すべて同市）の三城を修築したため、広忠が両人への態度を硬化させて義元との同盟を考え、最終的に信秀と対峙することになったという。ここで注意すべきは、広忠が信孝・信秀への対抗として義元を選択したということである。つまり、仮に義元と信秀が良好な関係であったとするならば、広忠の要請は義元に却下され、加えて信秀に降伏した広忠は、信秀から弾劾される可能性もあっただろう。それでも広忠が義元に同盟を示唆したのだから、これ以前において両者は少なからず良好な関係とは言い難かったと考えられる。

とはいえ当時の信秀の威勢は凄まじ

「厄介な邪魔者」

く、京都では彼が三河一国を抑えているとの噂もあったほどで（本成寺文書）、三河国衆への関与はそれほどまでに顕著であった。例えば先述したように、天文16年には安城城に入ったと思しき信秀が吉良氏の兵を招き入れ、吉良氏の反今川の旗幟（きし）を明確化させた後は子息信広を同城に入れたままにしていた。さらに、同19年には三尾国境の苅屋に一旦入った今川軍の往復の通路を遮断するなど（土佐国蠹簡集残篇）、小豆坂合戦も含めて義元は織田軍と数度にわたって合戦している。

　そのような両者は、天文19年後半から二十年にかけて一時的に和睦している（近衛文書等）。この和平の成立には、政情の安定を望んだ室町幕府第一三代将軍足利義藤（後の義輝）、美濃守護であった土岐頼芸の復権をはかる南近江の守護六角定頼、今川・織田両氏の「堺目」であった尾張国鳴海（なるみ）〈名古屋市緑区〉地域の被害を避けようとした山口左馬助の三者が仲介して実現したという。しかし、同20年末には青野（西尾市）松平氏の家督継承問題において、信秀が義元に反発した甚二郎忠茂を支援していたようなので（東条松平文書）、この時点ですでに両者の停戦は破綻していたと捉えられる。

　翌年信秀は死没するが、彼は義元をどのように見ていたのか。天文15年10月以降、両者は対立関係を継続しているので、自身の三河併合計画を許さない〝厄介な邪魔者〟としての認識でしかなかったであろう。その一方で、先述した反広忠派の松平信孝と安心軒の駿河在国（同年10月）は、信秀・義元を和睦させるためだったとの説もある。つまり、両者の協調を示しているのである。しかし、信孝と信秀が大平等の修築を行ったのが同年11月であることからすれば、時期的にあまりにも接近しすぎているので、信孝の駿河在国は、今川氏が広忠支援に動くことへの牽制と考えることもできる。何しろ信孝と安心軒の在国期間が明確でない。そのため私は、近年の説＝信秀・義元の協調の存在を幾分疑問視していることもあり、この点はもう少し検討する必要があると考えている。

　天文22年以降、尾張織田氏の当主は信長に代わったが、同じ頃の三河国内では、今川氏の威勢を快く思わない勢力が義元に対して叛旗を翻していた。三河勢の背後にいつも信長が控えていた訳ではないが、代替わり後の信長からすれば、尾張国内を完全にまとめきれていない状況でもあり、三河国衆が同国内で紛争を繰り返していれば今川氏による自国への侵入を防ぐことにも繋がるため、かなりの支援を行っていたと想定される。

　この点を想定させるのに、事例を示しておこう。天文19年には福谷（うきがい）城に今川氏が触手を伸ばし始めている。福谷は、岩崎城主丹羽氏識（うじさと）の庶族右馬允が丹羽氏に追われて来住したとされている（三河国西加茂郡誌）。福谷城に関する義元の文書の宛名は丹羽隼人佐である（里見忠三郎氏所蔵手鑑）。また、この地域を居点とする丹羽氏の一門・福嶋氏が入城している（大村家所蔵参詣道中日記）。岩崎城は現在の日進市にあり、信長が居点とした那古野まで、直線で15㎞ほどとかなり近いところに位置する。そのような地域にまで、今川氏は接近してきていたのである。

さらにこれも武田晴信との関連で述べたが、三河と国境を接していた美濃国衆は、一部の三河衆を支援し、義元軍と合戦を行っている（和徳寺文書）。家督継承直後で領国内を抑え切れていない信長が、尾張のみならず美濃にまで今川勢が侵食を開始せんという事実を認識すれば、かなりの恐怖感を抱いたであろう。認識は時間を追って変わるであろうから、永禄3年に桶狭間で両者が対峙する時点まで、その恐怖感が継続していたとは言いがたい。とはいうものの、領国の安定を阻止する人物が国内にある程度確認できる段階の信長にとって、義元は〝恐怖を与える隣国からの侵略者〟以外、何物でもなかったであろう。

おわりに

以上、義元の周囲に登場する戦国大名たちの視点から、義元を見直してみた。北条氏にしてみれば〝理想を求め過ぎた裏切り者〟の義元は、武田にとっては当初〝そつがない〟人物に映ったが、時代が降れば尾張織田家を凌駕し、美濃斎藤氏とも合戦しそうな状況を生み出す非常に〝危険な人物〟になったと認識された。三河・尾張方面の戦いにおいて、義元の同盟者となった松平氏にとっては、当初三河国衆の〝強大な敵〟だったが、同盟を結んだことで〝強力なバックアップ〟となり、元康の元服を取り仕切って今川氏の親類衆にまで取り立てるなど〝大きな後ろ盾〟として存在した。そのため、対峙することになった織田氏にとっては、信秀段階では〝厄介な邪魔者〟だったが、領国の不安定な若い信長にしてみれば〝恐怖を与える隣国からの侵略者〟にまで成長していたと捉えられる。

このように、義元は同時代の大名たちから貶められるどころか、強大な戦国大名として評されるべき人物だったと言えるであろう。天文24年（弘治元年）閏10月、武田晴信が同年の4月以来、越後長尾景虎（後の上杉謙信）と対陣していた第二次川中島合戦において、その仲介者として義元は甲斐（もしくは信濃）へ向かうことになった。これは、これまで述べてきた義元の軍事力を侮（あなど）ることができないと景虎も認識していたからこその出来事と言える。

ここでは義元と対峙する大名との関係から、軍事的・政治的な動向を中心に述べてきたが、領国内の法度や検地など領国経営の側面においても、彼は時代の最先端を走っていたことが明らかになっている。彼に対する評価も徐々に変わってきたが、これからも史料に沿った丁寧な検討により、さらに深く理解されることを期待している。

駿府に花開いた今川文化

静岡産業大学総合研究所客員研究員
中村羊一郎

今川義元公は武勇に優れていただけではなく、文化への造詣が深い武将であったといわれている。京より公家や文化人を招き、茶文化や民俗芸能など、その礎が現代へと受け継がれている。当時の庶民の暮らしぶりに見る、駿府で花開いた今川文化とは——。

1 今川時代の文化サロン

優雅な小京都

静岡浅間神社の稚児舞楽

戦国時代とはいっても、毎日戦争ばかりしているわけではない。戦国大名たちは、領国内の治世に心をくだき、さまざまな法を整備し、軍隊の組織化を進めていたが、一方では絵画・文学・茶など、時々の流行にも関心を持っていた。政治・文化の中心は、衰えたりとはいえ京都にあり、その担い手である公家や有力寺院との関係をもつことは、天下の情勢を知り、かつ自らの権威を高めるためにどうしても必要だったからである。今川氏はこうした交流に特に熱心だった。拠点である駿府には、都から文化人が訪れ、連歌や古典を語り合うサロンが形成されていた。歴代の当主自ら連歌や和歌を作り、『源氏物語』などの古典を学んでいたし、今川館では、正月や七夕、月見などに際して、当主と有力家臣、駿府滞在中の公家などが集って詩作を競い合った。

今川氏は駿府浅間神社に厚い信仰を寄せた。戦いのときに敵味方を判別するための笠じるしに「赤鳥」を用いるのも、初代範国の時、浅間神社の神様から巫女（みこ）の口を借りて、「お前を氏子にしたい、笠しるしとして赤鳥を取らそう」と告げられたからだ。赤鳥とは櫛のことである。

今川時代の社殿の様子はわからないが、1384年5月には能楽の大成者、観阿弥が能を演じた。同行していた息子の世阿弥は『風姿花伝』に「その日の申楽（能）ことに花やかにて、見物の上下、一同に褒美せしなり」と書いている。

毎年2月20日に行われる廿日会祭（はつかえさい）には、風に舞う桜の花びらのもとで国の平安を祈る優雅な稚児舞楽が上演された。ゆかりの臨済寺では中国の歴史書である『歴代序略』の出版事業が行われるなど、今川氏歴代の当主を中心に、小京都の名にふさわしい文化が咲き誇った。

今川氏は京都の公家との関係をより深めるために婚姻関係を結んだり、経済的な支援を怠らなかった。この関係をつてに駿河に移住した公家や長期滞在をしたものも多かったし、中には冷泉為和のように今川氏の外交使節として甲州と行き来した公家もいた。

今川歴代当主の中でも氏親は、『今川仮名目録』を定めるなど、時代の先端をいく戦国大名として大きな足跡を残しただけでなく、文学に心を寄せ、連歌師宗長を通じて京都の三條西実隆（さんじょうにしさねたか）から和歌の添削を受けたり、貴重な古典籍を贈られたりしている。実隆と氏親は、いわば通信教育の先生と生徒という関係にあった。実隆が生涯にわたって克明に記した日記（『実隆公記』）には、氏親との文学的交流や、駿河から黄金や名産の海苔などを贈られたことがしばしば出てくる。実隆は当時の公家の常として経済的に厳しい状況にあったので、氏親のこうした心遣いは、何にもましてうれしかったに違いない。

二人の間柄を語る好例がある。永正3（1506）年10月、実隆は氏親に『伊勢物語』を贈った。実隆は「これは藤原定家の真筆であり、後花園天皇が大切にされていたもので、のちに蜷川親元の許を経た、大変に貴重なものであり、これを手放すのは、本当に名残り惜しい」と日記に書いている。定家といえば、鎌倉時代の大歌人であり『新古今和歌集』や『小倉百人一首』の編さんで名高い。氏親との並々ならぬ師弟関係が読み取れる。

実隆と親交があった戦国大名がもう一人いる。駿府と並び称される戦国時代の文化都市、山口の主だった大内義隆（1507-51）である。義隆は日本にキリスト教を伝えたフランシスコ・ザビエルを引見して布教の許可を与えたことで知られるが、三條西実隆をはじめ京都の公家や僧侶を師と仰ぎ、自らも和歌、連歌をよくした。京都を挟んで、今川・大内という有力戦国大名が、文化面で競い合っていたことになる。

今川家最大の観光コンテンツ富士山

憧れの富士見物

東海に今川氏あり、という意識を広く植え付けたのは富士山である。歌枕として知らぬ者ない富士を望む駿府は、今川氏にとって、今で言えば、もっとも価値ある観光コンテンツだった。富士山見物を名目に、貴族や文化人、有力者が今川館を訪問することになり、当主は政治的にも文化的にも、その威勢を天下に見せつけることができた。

例えば、三代泰範の時代、嘉慶2（1388）年9月、室町三代将軍足利義満が富士遊覧に訪れた可能性を小和田哲男氏が指摘しているし、四代目範政の時代、永享4（1432）年9月には六代将軍義教（よしのり）が駿府を訪れた。範政はあらたに望嶽亭を建てて大歓迎し、「君が見ん今日の為にや昔より　積りは初めし富士の白雪」という、聞いて歯が浮きそうな和歌を詠んで大歓迎した。義教は有力大名たちを引き連れていたが、これは鎌倉にいる反対勢力に対する示威行動が目的であり、富士遊覧はその名目に使われたのである。

西行・芭蕉と並ぶ旅の詩人、連歌師宗祇も富士山の眺めを楽しんだ。明応5（1496）年9月、三條西実隆の屋敷に宗祇や宗長、公家たちが集まり、こもごも富士山のことを語り合ったことがあった。このとき、宗祇は「自分は十一ケ国を見てまわっていますが、去年、筑波山から富士山を見て、すばらしさに感動しました。まことに『言語道断、殊勝之山』でございます。三島では小山が連なってあんまり優美とは言い難かったですがね」と語った。

桶狭間合戦ののち、氏真は領国経営に必死に取り組んだが、同時に今川文化の継承者として、特に歌人としての実績を残している。永禄10（1567）年、この氏真のもとに、のちに香道の祖と呼ばれる里村紹巴（じょうは）がやってきた。彼の目的は富士山見物であった。このとき、紹巴は江川酒（韮山の江川家が造った酒）を味わい、氏真から名品「千鳥の香炉」を見せてもらったりしている（『紹巴富士見道記』）。

有名人だけでなく、富士山登拝を目的とする富士道者の多くも、東海道を下ってきて、まず駿府の浅間神社に参拝してから富士山を目指した。浅間神社の神官は登拝者の先達を務め、途中の関銭を免除されている。今川氏は富士登山のための主要ルートを管理していたことになる。

海路を通じてのさまざまな交流も盛んだった。今川氏の領国内で拠点となっていたのは小川（こがわ）湊（焼津市小川）で、そこには少年時代の氏親の

小川港から見える富士山

保護者になった長谷川氏が拠点を構えていた。文明17（1485）年、江戸城の太田道灌に招かれて関東に下った漢詩人万里集九（ばんりしゅうく）は、掛塚（磐田市）から船に乗り小川湊に到着したとき、ここは大船が多く道路がはなはだ汚く足の置き場がないほどだと、その賑わいぶりを描いている（『梅花無尽蔵』）。また小川周辺には熊野信仰が広まっており、御師の間で地域の檀那（信仰集団）の売買が行われていた記録もある。氏親は仮名目録に津料（入港税など）の廃止や難破船の処置などの項目を定め、海上輸送にも気を配っており、海を通じてのさまざまな交流が今川文化のすそ野を広げていった。

3 今川時代の茶

茶産業の芽生え

抹茶法は、鎌倉時代に栄西が中国（宋）から日本にもたらした最新の喫茶法である。茶は、儀礼や修行に不可欠であった寺院だけでなく、広く上流社会に普及し、鎌倉幕府の要人たちも、京都栂尾（とがのお）の由緒ある茶を渇望していた。そのころには茶の産地も広まっていて、『異制庭訓往来（いせいていきんおうらい）』には南北朝時代の茶産地として駿河国清見寺も挙げられている。

京都の公家、山科言継（やましなときつぐ）は弘治2（1556）年9月から約半年間、今川義元治下の駿府に滞在し、その間、京から持参した茶を点てているし、贈答にも用いている。武田信玄の家臣、栗原左兵衛が天文19（1550）年正月に、使者として駿府の義元に対面した時には御数寄屋で接待されているから、今川屋形内で茶が重視されていたことがわかる。

では、駿府で使われた茶は、どこで生産されていたのだろうか。天文22（1553）年には現在の御殿場市内で、茶にかかる税である「茶役」を免除された記録があるが、高級茶であったかは疑わしい。言継駿府滞在中の日記に一回だけ、「山茶一包遣之」という文が見える。山茶とは地元産の茶をさすから、これは駿河国産の茶であった可能性が高い。氏真は、浜松市の大通院や駿州葉梨郷（藤枝市）で、境内の茶をよそ者が勝手に摘み取ることを禁じている。元亀2（1571）年の今川氏真朱印状では、駿河国若王寺（にゃくおうじ）（藤枝市）の茶園を興津美濃入道こと三浦義次が相続することを認めている。

当時の高級茶の製法は、蒸した茶葉を炭火の上に広げた厚紙の上で、形を崩さぬように丁寧に乾燥させたもので、このうち上質なものが石臼で挽かれて抹茶となり、その他は熱湯で煎じて飲んだもの（煎じ茶）と思われる。一般庶民は、中世文書に「柴茶」と出てくるような、茶葉をまとめて摘んで、蒸してからむしろの上で天日干しさせたものを熱湯で煮出していたと推定される。

なお南北朝時代には先の清見寺以外に、浅羽荘（袋井市）の茶が京都の貴族のもとに年貢として送られていた記録があり、戦国時代末期には、天竜川流域や大井川中流域の伊久美郷などから茶が現物年貢として納入されていた。駿河・遠江両国では、茶が地域産業として育ちつつあった。

時代の空気

一期は夢よ、ただ狂へ

東海道丸子宿（静岡市駿河区）のはずれに小さな庵（現在の柴屋寺）を結んだ連歌師の宗長は島田の出身。今川義忠、氏親など今川氏全盛期を築いた当主に仕えた。連歌の神様ともいえる宗祇に従って諸国を旅し、箱根の湯本で宗祇の最期を看取った。また一休に師事し、都の貴族たちとの交流も深かったし、草庵をはるばる訪れる人も多かったので、その幅広い人脈は今川氏にとっての貴重な情報源となっていた。

宗長は尺八の名手だったと言われる。あるとき旅の途中で知り合いから、ときの尺八名人のものという尺八を見せられ、すばらしいと声を上げたら、差し上げましょうと言われて、大喜びしている。尺八と言えば、江戸時代の何やら怪しげな虚無僧を思い出すが、宗長の時代は、この尺八がもっとも手軽な楽器として多くの人に愛好された。尺八は、一尺八寸という長さに由来する竹製の縦笛で、当時は一節切（ひとよぎり）とも呼ばれたように、真ん中あたりに節を一つだけ残したもので、今よりもずっとスマートな姿だった。

永正11（1514）年8月、今川氏親は音羽町（静岡市葵区）の清水寺に対し、無断宿泊や落書を禁じるとともに、「笛、尺八、うたひ」も禁じた。境内で尺八を吹くなど、遊興に類する行為はしてはならないとしたのであり、尺八の流行ぶりがよくわかる。当時の流行歌（小歌）三百あまりを集めた『閑

柴屋寺

宗長の木像（柴屋寺所蔵）

吟集』にも、こんな歌がある。

とがもない尺八を　枕にかたりと投げ当てても　さびしや独寝（ひとりね）

もう行かねばと、男が置いていった尺八を、こんちくしょうとばかり枕に投げつけてみたものの、ああ、一人寝の寂しさは募るばかり。なんとも切ない女心といえようが、現代なら逆に、すっぽかされた男の嘆き節にも聞こえる。500年前の演歌の世界である。

なにせうぞ　くすんで　一期は夢よただ狂へ

「くすむ」とは生真面目なこと。「くそ真面目に生きて何になるものか、どうせ、この世ははかないものさ、思い切り好きに生きようよ」という、戦国の世相を象徴するような内容だが、そこに人生の諦観を感じることもできよう。

『閑吟集』の編者は不明だが、序文には「富士山を遠望できるこの地に庵を結び、尺八を友として過ごす」と書いてある。ここに着目して、この人は、宗長ではないかという説がある。広く世の中のことを見聞し、古典を愛読していた宗長である。竹林をそよがす風に合わせ、尺八を吹いている姿を、想像してみたい。

5 今川文化の影響力

国民的教科書として普及

戦国大名としての今川氏は氏真の代で終わったが、今川文化の影響力は、江戸時代の庶民教育に色濃く見られた。特に、戦国大名今川氏の先進性、論理性を的確に示していた『今川仮名目録』が、寺子屋の手本として広く使われた。これを定めた氏親も、まさかそのような活用法があったとは思いもしなかったであろう。また、一族の今川貞世（了俊）は、武将として勇名をとどろかせただけでなく、すぐれた歌人であり、また南北朝の争乱に関して南朝方にたった『太平記』の誤りを正し、自らの北朝方の立場を主張した『難太平記』の著作で知られる。中でも弟の仲秋に与えた教訓や施政のありかたなどを手紙として記した「今川状」は、後世に道徳の手引書として親しまれた。これもまた、寺子屋で文章の書き方を学ぶ手習いの教科書として広く使われただけでなく、これをもじって創作された「女今川」は、女性の道徳を説いた教本として、文章だけでなく絵本形式のものも含めて200種以上が刊行されているという。「今川」は、理想の教育の代名詞にもなっていたのである。

では、お菓子の今川焼も今川文化に関係あるのだろうか。その形から太鼓

今川状（国立国会図書館ウェブサイト）

焼きとか小判焼きなどともいい、鯛焼きもその仲間である。少年漫画に、桶狭間合戦を前に義元が今川焼をぱくついている場面があったが、もちろん事実ではない。今川焼という名称は、丸い形が紋所の二つ引両に似ているともいうが、一説には、江戸時代中期に今川善右衛門という名主が架けた橋を今川橋といい、その付近の店で売られたものが「今川焼」として広まったともいう。いずれにしても今川氏とは何の関係もない。あえていえば、教科書で親しまれた今川ブランドが、今川焼という呼び方の普及に貢献したのかもしれない。

6 今川時代の芸能

中世のみやびと祈り

天下泰平を祈念する浅間神社の稚児舞楽

毎年4月5日に静岡浅間神社境内の舞殿で行われる稚児舞楽の上演を廿日会祭（はつかえさい）というのは、本来は旧暦時代の2月20日に行われていたからで、明治以降にそれに近い4月5日に変更されている。満開の桜のもとでの優雅な舞は、今川文化のエッセンス、と言ってよいかもしれない。ただし、この舞楽を伝えてきたのは、藁科川流域に古代から栄えた建穂寺（たきょうじ）であった。建穂寺では観音菩薩の縁日である18日に、境内の観音堂で寺の稚児たちによって上演されてきたが、いつのころからか、浅間神社でも同じ内容の舞楽を20日に行うようになった。今川氏、武田氏、徳川家康など、歴代の駿府支配者は、国の平安と五穀豊穣を祈るこの舞楽を大切にしてきたが、上演にあたって困ることが一つあった。建穂寺から浅間神社までは途中で藁科川を渡らねばならないのだが大雨で増水すると、延期となってしまうのである。山科言継は駿府滞在中の弘治3（1557）年2月18日に建穂寺に舞楽の舞揃えを見に行ったが、本番の廿日会祭が増水で延期されたため22日に浅間神社の桟敷で今川の重臣たちと見ている。

建穂寺は明治初期になくなってしまったが、稚児舞楽は地元建穂の人々と駿府の熱心な人々の努力で継承されている。廿日会祭では、駿府の町衆が稚児の一行を安倍川のほとりまで出迎え、稚児たちを慰めるための踊りや囃子を披露した。これが駿府の「お踟（ねり）」の始まりとされている。

静岡浅間神社

豊作を祈る田遊び

遠江と駿河には、中世芸能の代表とも言える田遊び系の芸能が数多く伝承されている。例えば、焼津市藤守の田遊び、藤枝市滝沢の田遊び、静岡市葵区日向の七草祭などである。

田遊びというのは、一年の初めにその年の豊作を祈念して、年間の農作業を模擬的に演じ、今年もこのようであってほしいと願うもので、そのときに歌われる詞章には、荘園時代の領主と農民との関係、当時の農業技術、害鳥や盗人を追い払う呪文など、中世社会の一面がよく表れている。例えば、七草祭の「鳥追い」では、米作りの敵である雀やカラス、泥亀などを追い払うために、こんな歌詞を歌う。

この種播（ま）いての所に　寄するまんじき者あり　拾い来る小雀　すき来る小鳥　なか踏むは　泥亀　きやつ憎いものかな

こうした芸能は、一国の平安と豊作を祈る一宮と呼ばれる、それぞれの国で最も重要な神社で行われている。伊豆国の三嶋大社では、現在も正月7日に「お田植神事」という名称で、遠江では小国神社で4月に田遊びがそれぞれ行われている。駿河国では、富士宮と駿府の両浅間神社で江戸時代までは存続していた。現在は富士宮で実際の苗を田に投げるお田植神事がある。各地に残る民俗芸能としての田遊びは、かつての荘園領主が氏神のもとで行っていたものが、住民によって伝承されてきたものである。

藤守の田遊び「申田楽」

七草祭の鳥追い―太鼓を田に見立てて小さな幣束で鳥追いの所作をする

今川氏滅亡の予兆と言われた風流踊り

京都の祇園祭は、本来は室町時代に京都の町を練り歩く悪霊鎮めの行事に起源がある。人々に災厄をもたらす悪霊は、大地を踏み鳴らすことや、大音量の音楽などによって祓うことができると考えられた。この華やかに仮装しての集団踊りを風流（ふりゅう）といったが、ときに政治批判にもなり、社会不安の象徴ともなった。だが、参加者には面白くてたまらない。都で流行する風流は、地方に拡散し、それぞれ地

静岡市有東木の盆踊り

域の郷土芸能として独自に発展していくことになる。そうした集団の喧騒は、特に大坂の陣を前にした不安な社会状況下で爆発的に流行し、駿府城下でも伊勢踊りとして大流行した。

ところが、これより50年ほど前の永禄10（1567）年7月、今川氏真が武田氏によって駿府を追われることになる直前にも、駿府のまちで風流が大流行したという。『松平記』によれば、八幡村より踊りが始まり、踊り子たちはあちこちの村に踊りをかけ、その村では踊り返した。そのため駿府では諸所で踊りの集団が行き交い、8月の末から9月になってもやまなかった。しかも村や町の間だけでなく、侍町へも踊りかけ、さらには町から御城へかけなどした。これが寒くなるころまで続いたので、来年の秋に踊り返すことにするということにして、9月の末にやんだ。これは時の出頭人三浦右衛門佐義鎮がことのほか踊りを好んで、主人の氏真にも勧めたので、これほどの流行になったのだが、あとで考えれば、これでは国が亡ぶのも無理はないといわれた、と記されている。

このときの踊りの内容はわからないが、例えば安倍川上流の有東木（うとうぎ）に伝わる古風な盆踊りなどは、この風流の名残りを留めたものとも考えられ、焼津市藤守の田遊びにも、華やかな風流の一端が見られる。

ただし、駿府のまちで、実際にこのような乱舞が行われたのを見たと記す今川時代の文献はない。支配者が暗愚であったため世間が騒然となり、その混乱の中から生まれた次の政権が、正統性を強調するというのは、歴史叙述の共通パターンだから、割り引いて考えることが必要だろう。

今川義元の首塚と怨霊

再評価を鎮魂につなげたい

今川義元が桶狭間で織田信長に討たれたのは、永禄3（1560）年5月19日。義元の首は臣下の岡部五郎兵衛が持ち帰り、法名にちなむ天澤寺に埋葬され、寺には義元の木像が祀られた。しかし天澤寺は江戸時代の中頃にはすっかり荒廃してしまったので、文化10（1813）年に義元の木像は臨済寺に移され、天澤寺の墓の上には小さなお堂が建てられた。そのお堂の跡が、義元の首塚と呼ばれるようになったらしい。現在の城北公園の向かい側、富春院の裏手にあたり、明治29年の地図にも、「義元首塚」の表示が見える。令和元年5月、義元生誕五百年祭が臨済寺で盛大に行われ、今川復権というキャンペーンが盛り上がった。

ところが、200年以上も前の義元の命日に大勢の参拝者が天澤寺跡に押し寄せるという奇妙な出来事があった。「二、三十年このかた五月十九日には府下（駿府）の男女群をなして参詣す」というのだ（『駿河国新風土記』）。ちょうど文化・文政の頃で、臨済寺で義元公二百五十年祭（文化7年）が行われた前後にあたる。

義元の偉業が再認識されたのではあるまい。年忌法要なら長くても数日間だけの行事だろうから、これは各地でしばしば見られた流行神の一種だったのではなかろうか。非業の最期を遂げた人の霊魂は、恨みをのんだままこの世に留まり、疫病の流行とか、作物の大虫害となって人々に自分のことを思い起こさせる。浜松で今も盛んな遠州大念仏は、徳川・武田が激突した三方原合戦の戦死者の霊を弔うために始まったと言われている。

恐るべき怨霊は手厚く祭れば、逆に災厄をなくし幸いをもたらしてくれる。二百五十年祭を機に、義元公の命日に首塚にお参りすると、病気にならないぞ、などと言い出した者がいて、縁日には参拝者が押すな、押すなの賑わいとなったのだろう。

富春院裏手の墓地にある義元公首塚と慰霊碑

義元の霊は怨霊となっていまだこの世に留まっていると信じられていた。静岡市内でかつては普通に見られたオハグロトンボは、お歯黒をしていた義元の怨霊なのだという伝説が、戦前までは広く聞かれたのである。

いま、あらためて史実を徹底的に検証し、今川文化を正しく評価することは、歴代今川氏の荒ぶる霊を鎮めるだけでなく、今川氏によって基礎が造られたまち、静岡を発展させようという市民にとって、大きな自信を与えることになるだろう。

オハグロトンボ

全国初！

今川氏の常設展示づくりに挑む

静岡市歴史文化課
稲森幹大

令和4（2022）年に、静岡市中心部の駿府城公園に隣接して「（仮称）静岡市歴史文化施設（以下、歴史文化施設）」が開館する。この施設は「〈駿府〉の歴史を語る」「〈学び〉のコーディネート」「集客の核となり、地域に誘う」という3つの役割を担うことを目的に静岡市の第3次総合計画に基づく「歴史文化のまちづくり」の拠点施設として準備を進めている。大きな特徴の一つが常設展示としては全国初の今川氏の展示である。

1　愛着と憧れを生み出す施設を目指して

歴史文化施設の基本計画では、三つの展示の柱を立てた。まず徳川家康を、幼少期、壮年期、大御所期の三度にわたり、人生の三分の一を駿府で過ごした武将として展示の中核に位置づけた。そして、日本史上欠かせないものとして、今川氏、東海道の交流を取り扱うことを決めた。この三つを展示の中心テーマとすることで、静岡市を全国へ発信し、今川氏にも徳川家康にも選ばれた静岡市への憧れを喚起する展示を目指すこととした。

最初に取り組んだのが、家康の一生の軸をどうつくるかである。そこで二つの甲冑（かっちゅう）に焦点を当てた。静岡浅間神社所蔵の紅糸威腹巻（くれないいとおどしはらまき）（静岡県指定文化財、写真1）と久能山東照宮博物館所蔵の伊予札黒糸威胴丸具足（いよざねくろいとおどしどうまるぐそく）（重要文化財）で

写真2　今川期の大溝（左）と池状遺構（右）

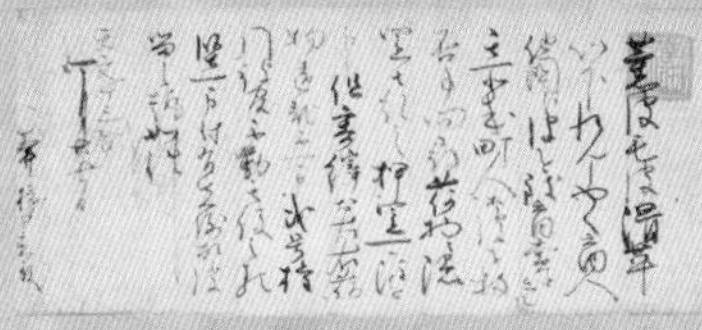

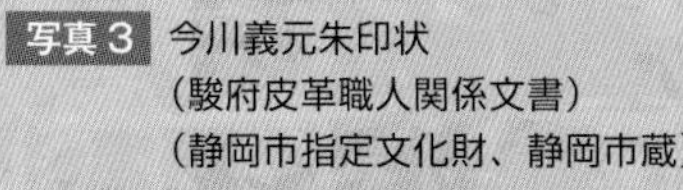

写真3　今川義元朱印状
（駿府皮革職人関係文書）
（静岡市指定文化財、静岡市蔵）

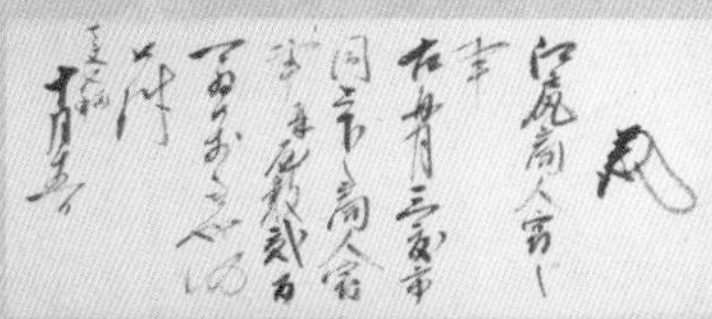

写真4　今川義元判物
（寺尾家文書）
（静岡市指定文化財、静岡市蔵）

写真1　紅糸威腹巻
（静岡県指定文化財、
静岡浅間神社蔵）

ある。前者は、家康の着初めの鎧として今川義元から拝領したと伝わるもので、家康と今川氏とのつながりを直接的に示し、家康の武将としてのスタートを物語る資料でもある。後者は、武将として晩年に愛用していたとされ、後に歴代将軍が写形をつくるなど、大御所家康を象徴する甲冑である。

　そして、紅糸威腹巻を起点として、幼少期の家康を育て、その後も家康の人生に強い影響を与えたであろう今川氏について、全国初となる常設展示を行っていくことを決定した。

2　〝静岡市ならでは〟の今川展示を

　今川氏は、室町幕府の足利将軍家の一門として、建武5（1338）年に初代今川範国が駿河国守護に任じられ、駿河今川氏が誕生した。その後氏真に至るまで、駿河、遠江の支配を行い、東日本で最も古いとされる分国法（法律）である今川仮名目録の制定や検地の実施など、先進的な統治が行われた。また、京とのつながりを背景に多くの文化人が駿府を訪れ、連歌や蹴鞠など今川文化が繁栄した。周防（山口県）の大内氏や越前（福井県）の朝倉氏と並び、戦国三大文化とされている。

　この今川氏をめぐる舞台の中心地は駿府（現在の静岡市）であった。その居館、今川館の正確な位置は確認されていないが、現在の駿府城公園辺りに存在した可能性が高く、駿府城跡の発掘調査により、今川期の大溝や池状遺構が見つかっている（写真2）。さらに、市内各地には歴史資料が豊富に残っており、静岡市所蔵資料である駿府皮革職人関係文書（写真3）や寺尾家文書（写真4）は市指定有形文化財となっている。

　このように、現在の静岡市は今川氏の領国支配の拠点都市であり、今川氏の歩みが、そのまま室町時代後期の静岡市の歴史を語ることにもつながってくる。このことから、今川氏の展示は静岡市が行ってこそ意味がある展示と言っても過言ではなく、展示によって今川氏を再評価し、市民の誇りにつなげたいと考えた。

3 反響を呼んだ「さきがけ」企画展

施設建設に先立って企画展にも取り組んだ。平成26（2014）~27（2015）年度にかけて「さきがけ博物館事業」を実施し、その第一弾として、さきがけ企画展「今川氏　駿府を愛した戦国大名」（静岡市民ギャラリー）を実施した（写真5、6）。本企画展の目玉は、今川氏親、今川義元、太原雪斎（たいげんせっさい）の3人の木像の展示である。これらの木像を中心に、駿河今川氏の初代範国から10代氏真までの功績を紹介した。おそらくこれが、今川氏をテーマに行われた全国初の企画展だったと思われる。

この試みは、SNSなどで全国に広がり24日間で3、420人の歴史ファンが訪れた。今川氏の展示には、全国への発信力及び集客力が大いにあることを確認することができた。

その後、島田市博物館特別展「女戦国大名寿桂尼と今川氏」（2017）や藤枝市郷土博物館開館30周年記念特別展「駿河の戦国大名今川氏展」（2017）が開催されるなど、県内各地、特に中部地域を中心に今川氏をテーマにした企画展が開催され、今川氏の名がより広域まで広がることとなった。

そして、令和元（2019）年には、今川義元の生誕500年にちなみ、歴史文化施設のプレ事業として「東海の覇者　今川義元と駿府」展（企画制作：公益財団法人静岡市文化振興財団、協力：静岡市文化財協会）を実施した（写真7）。静岡市文化財資料館（第一会場）と駿府城公園巽櫓（第二会場）の二会場で行い、第一会場では、新出資料として今川義元像（新定院蔵）を静岡市で初めて公開したほか、修復を終えたばかりの今川氏親像（柴屋寺蔵）を修復後初めて公開した。また、静岡市が施設建設に向け平成30（2018）年度に製作した、寿桂尼画像（正林寺蔵）の複製の公開や、購入した今川氏親筆の詞花和歌集を展示するなど、平成26（2014）年度には展示しなかった新たな資料を紹介し、開館に向け、展示内容により厚みをもたせていくことをPRした。第一会場は27日間に4、013人が訪れ、ここでも今川氏の展示の発信力、集客力を感じることができた。

また、第二会場では市内各地域の今川氏の歴史資源へ観覧者を誘う試みも行った。ここでは、今川氏ゆかりの歴史資源をパネル展示で紹介したほか、静岡市文化財サポーターの企画によるワークショップの開催や歴史観光案内を行うブースを設け、回遊に誘う取り組みを行った（写真8）。

4 全国初の今川展示づくりに挑む

現在、静岡市では歴史文化施設の展示設計を進めている。その内容は、企画展示の経験を活かし、今川氏歴代当主の木像を中心にしながら、今川氏を支えた人物の肖像画をあわせて展示し、今川氏の流れを明確に示すとともに、市内に残る古文書など実物資料を使って、今川氏の先進的な領国支配の姿を紹介していくことを考えている。そして、領国支配の拠点が現在の静岡市であるということを示すため、駿府を中心に配置した今川氏の領国ジオラマを展示室の中央に設置する予定である。

展示設計と並行して、展示資料の収集も行っている。収集方法としては、購入、寄託・寄贈の受け入れ、複製製作がある。

静岡市は、平成30（2018）年度に今川氏親直筆の詞花和歌集を購入した（写真9）。平安時代の勅撰集を文亀2（1502）年に今川氏親が写したもので、今川文化を語る貴重な資料である。当時氏親は29歳であり、戦に明け暮れるさなかにも文化的な活動を忘れなかったことを示す好資料といえる。今後も今川氏による支配の実態を示す古文書など、静岡市に関するものを中心に収集を進めていく予定である。

また、静岡市では今川展示の中心資料となる歴代当主の木像について、複製の製作を開始した。実物資料は光や温湿度などの環境変化によって劣化の危険性が高く、保存を考えると常時展示公開することは難しい。複製をつくることで、長期間展示することができ、視覚的にわかりやすい展示をつくることが可能となるのである。

写真5 さきがけ企画展チラシ

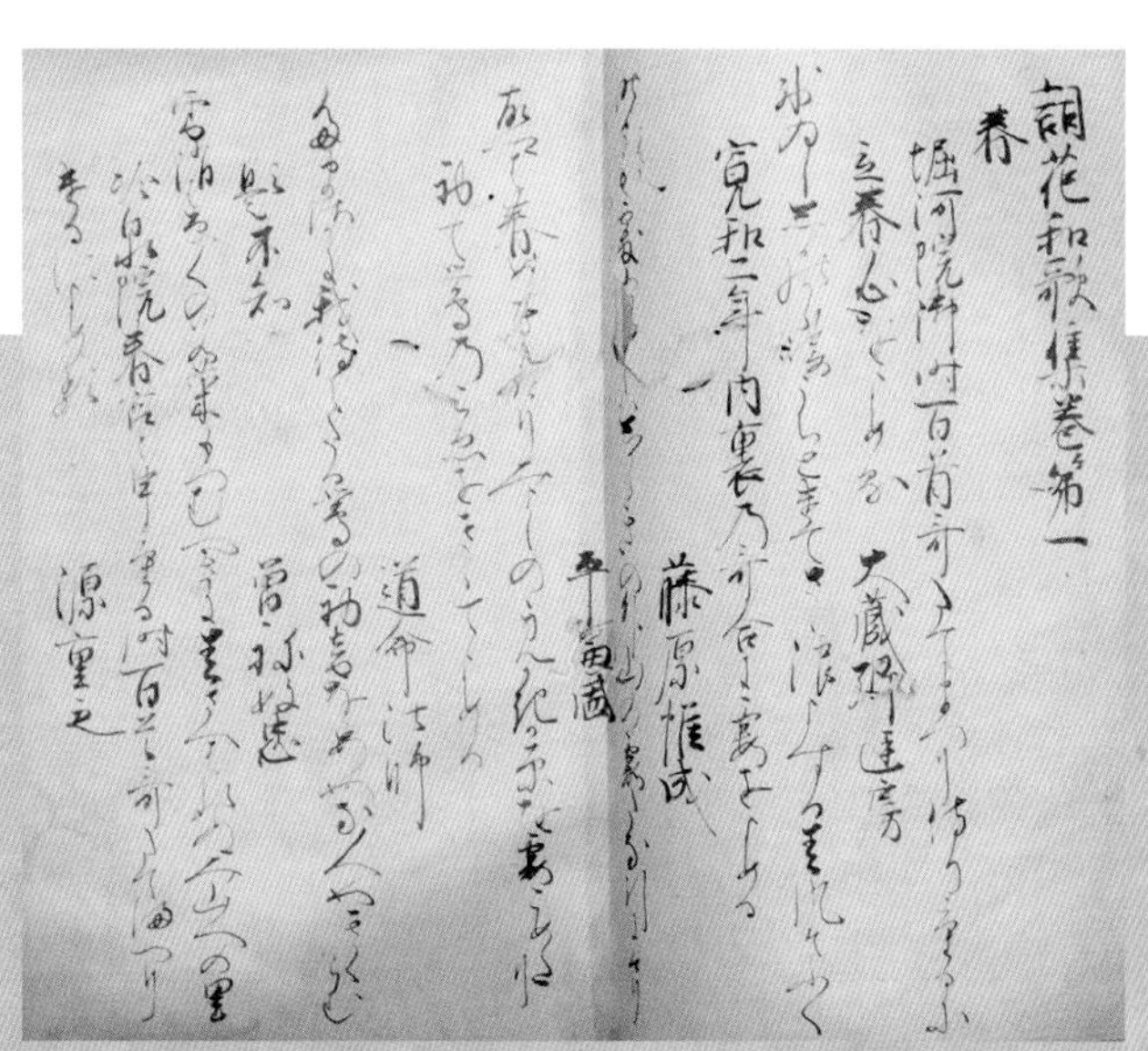
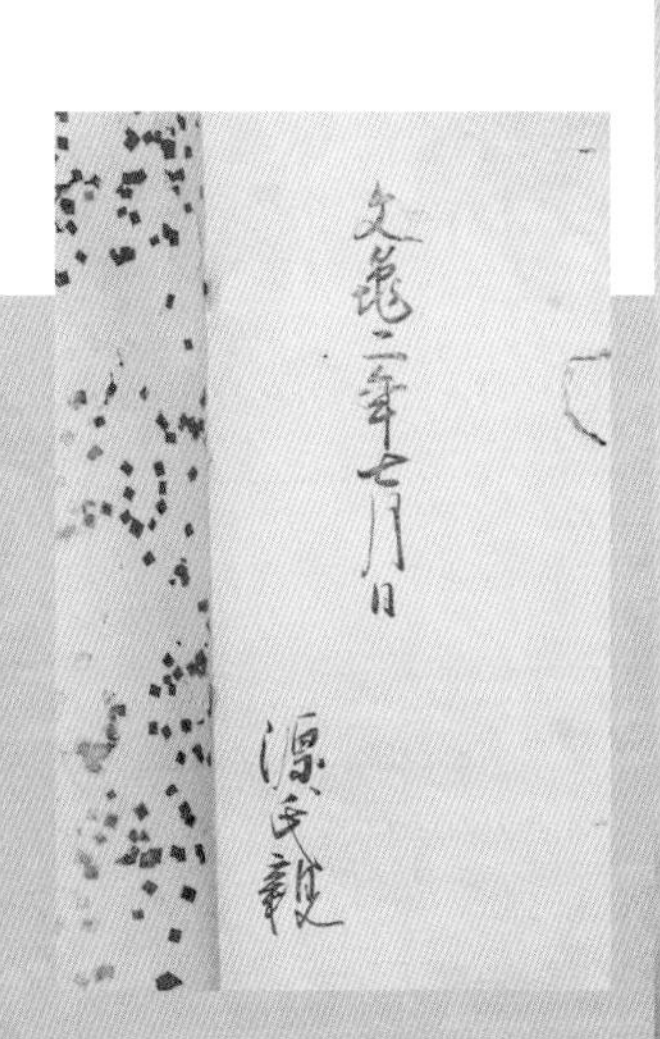
写真9 詞花和歌集（今川氏親筆）

写真7 プレ事業展示チラシ

写真6 さきがけ企画展展示風景

写真8 プレ事業展示第二会場展示風景

写真 10-1
今川義忠木像
（菊川市指定文化財、
正林寺蔵）

写真 10-2
今川氏親木像
（増善寺蔵）

写真 10-3
今川義元木像
（臨済寺蔵）

今回の対象は、6代今川義忠木像（正林寺蔵）、7代今川氏親木像（増善寺蔵）、9代今川義元木像（臨済寺蔵）の3躰の木像である（写真10）。製作にあたっては、静岡市文化財保護審議会委員（彫刻）である、京都国立博物館の淺湫毅（あさぬまたけし）先生に監修いただいている。調査では、木像の大きさ（法量）の計測や写真撮影のほか、構造の確認を行った。また、東京国立博物館でCTスキャン調査等の非破壊調査を行い、内部に製作時期等を示す情報がないかどうかなどの調査も行った（写真11）。これらの成果は今後製作及び製作後の展示での解説に活用していく予定である。

現在素材を切削機械で荒彫り後、職人の手による仕上げ彫りをしており、その後彩色を施し完成となる予定である。

平成30（2018）年度には、寿桂尼画像（正林寺蔵）の複製の製作も行った（写真12）。こちらも、資料の調査や写真撮影を経て、製作、完成に至った。原資料には傷みがあり普段は公開されていないため、歴史文化施設で複製が公開されることは大変貴重なことである。

写真11 木像調査（写真上は臨済寺にて、下は東京国立博物館にて）風景

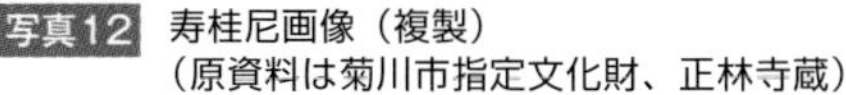

写真12 寿桂尼画像（複製）
（原資料は菊川市指定文化財、正林寺蔵）

いずれも、資料所蔵者の多大な御協力によって貴重な資料の複製を製作することができ、来館者を魅了する展示の完成に向け作業を進めているところである。

おわりに

展示づくりの作業は、展示設計と資料収集が2本柱である。現在は、それらを並行して進めている段階である。その作業には、静岡市だけではなく、展示設計者、資料所蔵者、複製製作業者、研究者や専門家、関係する市民団体、そして市民の皆さまなど、さまざまな人が関わり、多くの議論を通して、一つの展示が出来上がってくる。今まさに〝全国初の今川氏の常設展示〟は、一つ一つ形がつくられているところである。そこには多くの人たちの想いが詰まっている。静岡を、そして日本を代表する〝博物館〟として、多くの来館者にこの想いが伝わるよう、引き続き展示づくりに取り組んでいきたい。

おすすめの今川氏関連本

今川氏のことをもっと知りたい人におすすめの書籍を紹介します。

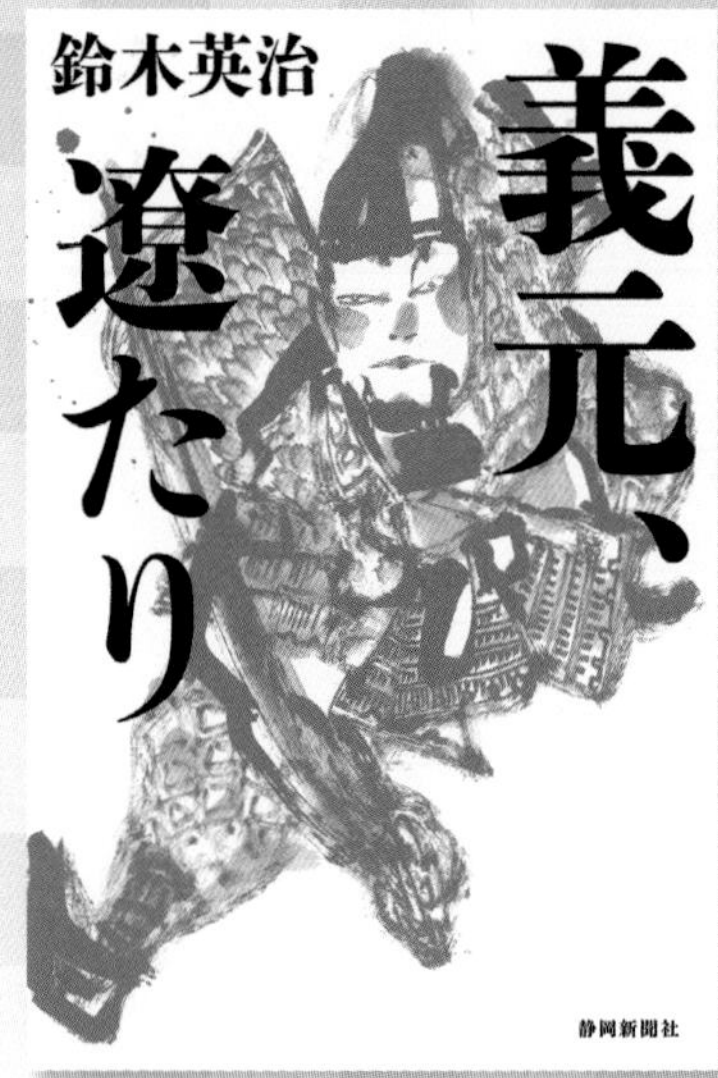

義元、遼たり
鈴木英治 著
四六判・392頁 1800円+税

"海道一の弓取り"としてその名を轟かせた戦国武将今川義元。師・雪斎とともに家督争いに挑み、義元として生きるまでの青年期を描く。

今川義元 知られざる実像
小和田哲男 著
四六判・226頁 1400円+税

凡人・公家かぶれのイメージはもう古い! 静岡の誇る武将・今川義元の真の姿に迫る。

戦国静岡の 城と武将と合戦と
小和田哲男 著
四六判・226頁 1200円+税

北条、今川、武田、徳川…戦国時代の静岡を駆け巡った名将たちの城と合戦にまつわるストーリー。

氏真、寂たり
秋山香乃 著
四六判・480頁 1900円+税

戦国一の愚将と呼ばれた男の視点から、日本の分かれ目となった時代を描き、これまでの戦国史観を鮮やかに覆す。

かつて「海道一の弓取り」と称された戦国大名・今川義元

しかし、桶狭間での敗戦以降地元静岡でも、その評価は低いものだった

「今川さん」涙の物語!?

そんな今川さんを支えたのが志を同じくするNPO会員やボランティアの人々だった
殿！ 共に今川復権を成し遂げましょう！
輿は私が用意しますよ！
出陣の際の護衛はおまかせを！
皆…

静岡を中心にした地道な活動で徐々に応援の輪が広がり
今川さんだ！
大河ドラマ見てたよー

「今川復権宣言」も追い風となり活躍の場がどんどん増えていった！
見ているぞっ!!
今川復権
産業

そして二〇一八年、ついに今川義元公生誕五百年祭公認広報大使に就任！
一新されたその姿は…あ、あれ？？
さあ！五百年祭広報大使となった今川さんの姿とは？
果たして涙は止まったのでしょうか？
その活躍についてもさらに詳しく解説してまいりましょう！
寿桂尼
後半につづく…

今川さん大解剖！

今川さん（甲冑バージョン）コンセプト

「今川さん」は今川義元公をモデルとした、静岡市を拠点に活動するご当地キャラクター。今川義元公の生誕500年にあたり、「軟弱な武将」という長い歴史の中でつくられてきたイメージを払拭し、優れた武将であったことをアピールするため、力強い甲冑姿のデザインとしました。

龍の前立

兜には、超越的な力をもつ龍をあしらった。駿河凧や豊川市・大聖寺所蔵の肖像画、浮世絵などに、龍頭の兜を身に着けた義元公の姿が描かれている。

刀

今川さんの愛刀「ビーム左文字」。義元公の愛刀「義元左文字（宗三左文字）」がモデルとなっている。

梅の花

1982年9月からの駿府城公園内の発掘調査で今川氏時代の遺構から出土した梅の花の黄金の飾りをイメージ。文化面でも栄えたことを表現した。

赤鳥

駿河今川氏が戦いの際に用いた笠験（かさじるし）の「赤鳥」。駿河今川氏の初代・今川範国が浅間神社の神の託宣を受けて使い始めたといわれる。

涙（現在はなし）

優れた武将だったにもかかわらず、桶狭間の戦いで敗れて以降400年以上も「阿呆」「公家かぶれ」などとバカにされてきた悔しさをあらわしている。

※2019年5月19日に涙は取れました。

「今川さん」のプラモデルも登場！

実はプラモデルでできているという設定の今川さん。プラモデルの企画・製作を行うスタジオユーワ（静岡市駿河区）から、「チョトプラモ 今川さん」が発売された（販売代理：アスカモデル）。「今川さん」2体分の組み立てキットに顔パーツなどのシールが付属。さらに今川氏ゆかりの地を紹介した観光マップ等も同梱されている。ホビーショップやインターネットで販売中。

今川さん復活

ファミリー

公式サイトで公開中の四コママンガ『反撃！今川さん』等で活躍しています。

今川氏親
（いまがわうじちか）

義元の父。駿河今川氏第七代当主。検地の実施や分国法「今川仮名目録」の制定により今川氏が戦国大名として自立する礎を築いた。

寿桂尼（じゅけいに）

義元の母。京の公家の娘として生まれ、今川氏親に嫁いだ。四代にわたって今川氏の政治を支え、「女戦国大名」ともいわれる。バイタリティと愛情に溢れる今川家最強の人物。温泉が大好き。

今川氏真
（いまがわうじざね）

次期当主として大切に育てられた、義元の嫡男。三国同盟により北条氏康の娘と結婚し、今川の家督を継ぐ。ポジティブシンキングで、蹴鞠が大好き。頭の羽は気にしてはいけない。

太原崇孚雪斎
（たいげんそうふせっさい）

京都建仁寺で修行。今川氏親に請われ幼少時から義元を養育し補佐した「今川さん」のお師匠さま。戦の際に自ら陣頭指揮を執ったことから「黒衣の宰相」ともいわれる。

ほかにもいるよ! 今川さん

今川家の一族や家臣をモデルにした「今川さん」の仲間たち。「今川さん」の

瀬名姫（せなひめ）

徳川家康の正室（築山殿）。今川家重臣の関口氏の娘で、母親は義元の妹（一説に井伊家の出身の養妹）。今川の姫として、今川の「人質」だった家康と結婚。なかなか素直になれないけど、今川家を誇りに思っている。

朝比奈泰能（あさひなやすよし）

今川家の重臣。かっこいい狼煙を上げることに生き甲斐を燃やす。好物は朝比奈ちまき。静岡県指定無形文化財にもなっている朝比奈大龍勢は、戦国時代に朝比奈氏と岡部氏が用いた緊急連絡用の狼煙が起源とされている。

定恵院（じょうけいいん）

武田信虎の娘。18歳の時に甲斐から嫁いできた義元の正室。弟は甲斐の虎・武田晴信（信玄）。義元の愛刀、義元左文字（宗三左文字）は定恵院が今川に嫁ぐ際に武田信虎から贈られたもので、桶狭間の合戦後、織田信長の手に渡った。

松平竹千代（まつだいらたけちよ）

のちの徳川家康。三河国岡崎の大名、松平広忠の長男。織田氏、のちに今川氏の人質となり、臨済寺で雪斎に師事した。

岡部元信（おかべもとのぶ）

今川家の重臣。桶狭間の合戦の際、義元が討たれて今川軍が総崩れになる中、鳴海城に籠って奮戦。開城と引き換えに義元の首を取り戻した。今川家臣団きっての武闘派で「今川さん」への忠誠心が有り余って常に暴走気味。

今川さん500年への軌跡

今川さんの進撃はここから始まった!!

2015年に誕生した「今川さん」。その年の静岡まつりには着ぐるみが間に合わず、他に類を見ない“等身大パネルでのデビュー”を果たしました。その後、6月には公家バージョン、そして2019年には甲冑バージョンの着ぐるみが登場! その活躍の軌跡をちょっとだけ紹介します。

ちょっと不気味?

構想段階のラフスケッチ。今よりも怖い顔だった!?

2015年の静岡まつりには等身大パネルで参加。

2015年6月に静岡浅間通り商店街で着ぐるみデビュー。

「今川さん」涙の物語!?

因縁の地・
桶狭間へ遠征。
義元公の銅像と
記念撮影。

浜松市で開催された
「ゆるキャラグランプリ」
にも参加。

京都の白峯神宮を訪れ、
蹴鞠に夢中になる「今川さん」。

2019年には
甲冑バージョンの
着ぐるみが完成!

多くの人の、今川義元を思う心によって今川さんの涙は晴れたのだった…
もう悔し涙は流さないぞっ!

…って代わりに皆が泣いてどうするんだっ!
だばーーっ

そうですね泣いてはいられません!
皆様に恩返しができるように頑張りましょうね
そうだなっ!

世界進出も目指そうよ!
いや、やはり月への挑戦を
それはちょっと気が早い!

オレたちはこれからも静岡と今川氏を盛り上げていくぞっ!
皆、応援よろしくなっ!

駿府と今川氏

今川義元公生誕五百年祭推進委員会　委員長
小和田　哲男

今川義元公生誕五百年祭推進委員会によって編纂された冊子「駿府と今川氏」の一部を再編集しています。

㊂ 今川氏「赤鳥」の旗印と浅間神社

今川氏初代範国（のりくに）の浅間神社参拝

それぞれの家に家紋があるが、武将の場合、家紋のほかに家紋とは異なるマークを決め、それを旗印とか笠験（かさじるし）とすることがあった。守護、守護大名を経て戦国大名となった今川氏の「赤鳥」の旗印はその例である。

　織田信長が、当時通貨として用いられていた永楽通宝、すなわち永楽銭の図を絵柄としていたことは有名で、これなどは楽市楽座政策や関所撤廃など、商品流通経済を重視した信長の理念が象徴的に表されたものと理解されている。

　では、今川氏が「赤鳥」すなわち女性の道具である垢取を旗印としたのには、どのようないきさつがあったのだろうか。そのルーツを追いかけていくと、何と今川氏の初代の範国にまでさかのぼることがわかった。

　今川氏は、周知のように足利氏から分かれた吉良氏の分かれである。三河国に今川荘という荘園があり、そこに住んだ吉良長氏の子国氏がその土地の名を苗字としたもので、国氏の孫にあたる範国が足利尊氏に従って各地で戦功をあげ、駿河・遠江の守護になったことが、のちに戦国大名にまで成長する今川氏の出発点であった。

　そして、駿河守護として、駿河に初めて〝お国入り〟したとき、駿河惣社である神部神社に参拝したが、そこで聞いた巫女の託宣によって「赤鳥」が今川氏の旗印として確定するのである。

美濃青野原の戦いと「赤鳥」の旗印

　現在、駿河惣社としての神部神社、それに大歳御祖神社、富士新宮などを総称して静岡浅間神社と言っているが、範国が参拝したのは神部神社で、これは、かつて律令制の時代から、新任国司がその国の惣社に奉幣する形を守護も引き継いだからである。

　この範国の参拝に、範国の次男今川了俊（りょうしゅん）も従っており、そのときの模様を『難太平記』に書き残していた。それによって「赤鳥」の由来もわかるのである。

　参拝した範国に、巫女が神の託宣を伝えている。『難太平記』の原文のまま示すと、「我赤鳥をたびし故に、勝事をも得、此国を給ひき」というのである。

　我、すなわち浅間社の神が赤鳥をお前に与えたので、戦いに勝ち、この国を得たという内容で、この戦いというのが暦応元年（一三三八）の美濃青野原の戦いであった。このとき、範国が旗印として「赤鳥」を使うことを思いつき勝利したわけで、それが浅間の神の意思によるものだったという託宣である。

静岡浅間神社
（静岡市葵区宮ヶ崎町 102-1）

㊂ 観応の擾乱（じょうらん）と手越河原の戦い

足利尊氏・直義兄弟の対立と今川氏

室町幕府初期は、足利尊氏と弟直義の二頭政治という性格であった。兄尊氏が武家の棟梁として主従制的な支配権を握り、侍所・恩賞方といったような軍事指揮権および恩賞宛行が尊氏の手にあり、弟直義は統治権的な側面、すなわち、安堵方・引付方・禅律方・官途奉行・問注所といった全国を統治する政務を統括していたのである。

この二人が協力し合い、文字通り、二頭立ての馬車のように幕府政治は順調に走り出した。ところが、この二頭政治は意外と短命で終わっている。尊氏と直義が対立し始めたからである。

これは、尊氏・直義兄弟の対立というよりは、尊氏の執事だった高師直と直義の対立といった方が正確で、何ごとにも急進的な高師直と、体制擁護派の直義が路線を巡って争うことになってしまった。その対立が観応元年（一三五〇）に始まったことから、これを観応の擾乱と呼んでいる。

手越河原の戦い

観応の擾乱のとき、各国の守護は尊氏につくか、直義につくか迷い、実際、今川範国・範氏父子も、それまでのつながりの深さから直義につくことを選択する道もありえた。しかし、最終的には尊氏方になることを選んでいる。結果論であるが、このとき、仮に直義の方についていれば、その後の今川氏はなかったというわけだ。

観応の擾乱の勝敗を決定づけたのが、翌観応二年（一三五一）十二月の薩埵峠の戦いであるが、実はその少し前、同年九月二十七日の手越河原の戦いと、それに引き続く久能寺周辺の戦いなど、駿府付近の戦いも観応の擾乱の帰趨に大きな意味を持っていたのである。

手越河原の戦いの模様は、同年十一月の今川範氏証判伊達景宗軍忠状（「駿河伊達文書」）によってある程度わかる。これは、今川範氏軍に属して直義の軍勢と戦った伊達景宗が、自己の戦功を書き上げたものである。

それによると、手越河原の戦いそのものは直義軍の優勢勝ちで、直義派の中賀野掃部助によって駿府も占領されてしまったことがわかる。

その後、尊氏派の今川範氏の家臣武藤・鵜大村氏らの軍勢が焼津の小川より小坂に討って出て、その勢いで駿府に攻め入り、中賀野掃部助・入江駿河守らが久能寺に退いたことで、駿府周辺での尊氏方の勝利となっているのである。手越から小坂にかけての山沿いに五輪塔が見つかることがあるが、この激戦の名残であろう。

長田地域に残る供養塔群

JR 安倍川駅近くのみずほ公園内に建つ古戦場碑

撮影：水野　茂（2点とも）

㊂ 三代将軍義満・六代将軍義教の富士遊覧

「国界の重鎮」と言われた今川氏

六代将軍足利義教が駿府まで来て富士山を見たことはよく知られているが、それより前に三代将軍義満が同じように駿府まで来ていたことはあまり知られていない。しかし、義教の富士遊覧のときの準備にあたり、義満のときの例を参考にして準備を進めたことが『満済准后（まんさいじゅごう）日記』に見えるので、義満も駿府まで下向していたことは確実である。

義満は嘉慶二年（一三八八）九月、義教は永享四年（一四三二）九月に、それぞれ富士遊覧と称して駿府まで下っているが、富士遊覧は表向きの理由で、二人とも本当の狙いは別なところにあった。

周知のように、鎌倉時代は幕府が鎌倉に置かれ、その出先機関としての六波羅探題が京都に置かれていた。室町時代はその逆で、京都の室町に幕府が置かれ、出先機関の鎌倉府が鎌倉に置かれていた。

鎌倉府のトップが鎌倉公方で、二代将軍足利義詮の弟基氏の子孫がその職を世襲していたのである。そして、何代か経つうち、将軍と鎌倉公方は対立し始めた。

将軍管轄の一番東寄りの国が駿河であり、鎌倉公方管轄の一番西寄りの国が伊豆であった。そのため、その堺となる駿河国の守護今川氏は「国界の重鎮」と呼ばれるのである。

駿府の望嶽亭（ぼうがくてい）はどこにあったか

将軍がわざわざ駿府まで来たのは、鎌倉公方足利氏の独立的動きを牽制し、威嚇を加えるためであった。義満のときもそうだったし、義教のときも同様である。

ただ、迎える今川氏としては、名目上は富士遊覧ということになっているので、それ相応の接待をしなければならない。義満のときの泰範は特別な建物を建てたことを示す史料はないが、義教のときの範政は、「将軍御成（おなり）」のためだけの特別な建物を建てさせたことがいくつかの史料によって確かめられる。名前もそのものずばり、望嶽亭である。

このときの様子は、義教に随行した公家や僧侶の日記および紀行文に詳しく書かれ、義教が詠んだ歌も伝えられている。すなわち、

みずばいかで思いしるべき言の葉も
　及ばぬ富士とかねて聞しを

というものであった。

ただ、望嶽亭がどこにあったかは残念ながら不明である。今川館があったと考えられる現在の駿府城公園からは前方の山が少し邪魔をしている感じがあり、一説に、現在の静岡市の川辺町から新川の辺りだったのではないかとも言われている。

静岡市駿河区からの富士山の眺め
撮影：水野　茂

㊂「今川天下一苗字」と小鹿・瀬名氏の誕生

永享の乱の今川範忠の軍功

今川氏は、守護・守護大名・戦国大名と長期にわたって存続した割には一族の派生が少なく、分布状況もあまり多くはない。その背景には、他の家には見られない特別な理由があったのである。その特別な理由というのは、永享の乱の後の、将軍義教から今川範忠に与えられた少し風変わりな恩賞であった。そこでまず、永享の乱について見ておこう。

将軍と鎌倉府のトップである鎌倉公方が一触即発の状態にあったことは、すでに三代将軍足利義満、六代義教の駿府下向のところで述べた通りである。しかし、決定的な戦闘状態には至らなかった。

対立は、鎌倉公方足利持氏（もちうじ）と、関東管領上杉憲実（のりざね）の衝突によって始まっている。関東管領というのは鎌倉府のナンバーツーである。

永享の乱は、永享十年（一四三八）に始まり、将軍義教は、関東管領上杉憲実を支持し、信濃の小笠原政康、駿河の今川範忠らに出陣を命じている。このとき、幕府軍・関東管領軍の連合軍が鎌倉に攻め入り、その年の十一月四日、足利持氏は金沢の称名寺で剃髪し、降伏した。ところが、将軍義教からの密命があったものであろう。翌永享十一年（一四三九）二月十日、上杉憲実の軍勢に攻められ、持氏は自殺しているのである。

「今川天下一苗字」とは

この永享の乱のときの鎌倉攻めで、戦功第一とされたのが今川範忠だった。普通ならば、恩賞として、滅ぼした鎌倉公方の支配地を切り取って与えるとか、将軍家秘蔵の甲冑とか刀剣が与えられるところであるが、このときの恩賞は、「これから、今川という苗字は惣領家だけ名乗ることを許す」というものであった。私が「風変わりな恩賞」といったのはそれである。

当時、その家の家督は嫡子、すなわち惣領が継ぎ、それ以外の兄弟、庶子は分家する形となり、それまでは、分家した家も今川氏を名乗っていた。今川了俊の子孫たちは遠江に住み、同じように今川氏を称していたのである。ところが、このときから、苗字を住んでいる土地の名前に改める必要が出てきた。

遠江の今川氏の系統で、そのころ瀬名に住んでいた今川一秀が瀬名氏を名乗り、範忠の弟今川範頼も、小鹿に住んでいたことから、以後、小鹿氏を名乗るようになっているのである。

瀬名一秀の菩提寺・光鏡院
（静岡市葵区瀬名１丁目）
撮影：水野　茂

㊂ 北条早雲の姉 北川殿と今川義忠の結婚

北川殿とはどのような女性だったか

従来、今川家七代目の氏親を生んだ北川殿と呼ばれる女性は、駿河守護今川義忠の側室として理解されることが多かった。それは、少し前まで、彼女の弟にあたる北条早雲が「どこの馬の骨ともわからない伊勢の素浪人だった」と言われてきたことと関係している。出自のわからないような男の姉が、名門であり、駿河守護を務めるほどの今川義忠の正室などになれるわけがないというのが理由である。

ところが、近年、北条早雲の出自に関する研究が進み、正式な名前は伊勢新九郎盛時（いせしんくろうもりとき）といって、室町幕府の政所執事を務めた京都伊勢氏の一族で、新九郎盛時自身は、備中高越山城主伊勢盛定（もりさだ）の子であることが明らかにされるようになり、義忠の側室などではなく、正室として駿府に迎えられたことがはっきりしてきた。

義忠が、応仁・文明の乱勃発にあたり、応仁元年（一四六七）に上洛しているので、上洛中に結婚の話がまとまり、駿府に戻るとき、彼女を伴ったのではないかと思われる。

娘を京都の正親町三条実望に嫁がせる

ところで、彼女はふつう北川殿の名で呼ばれているが、それは、彼女の屋敷が安倍川の支流北川のほとりにあったと言われているからである。安倍川の一部が、ちょうど現在の静岡浅間神社のところで北に向きを変え、麻機沼の方に向かって流れていくが、屋敷は現在の臨済寺のあたりにあったと言われている。

北川殿が亡くなった後、そこに富士郡の善得寺の支院である善得院が建てられ、さらに、今川氏輝（うじてる）の死後、そこに臨済寺が建てられたというわけである。

義忠と北川殿との間に、はじめ女の子が生まれている。この子は長じて、京都の公家正親町三条実望に嫁いでいる。今川氏と京都の公家との交流は、すでに義忠のときに始まっていたことがわかる。

そして、文明三年（一四七一）に嫡男の龍王丸が生まれた。のちの氏親である。「辰王」と書かれた史料もあるので、読み方は「りゅうおうまる」ではなく、「たつおうまる」であろう。

龍王丸が六歳になった文明八年（一四七六）、父義忠が遠江の国人領主横地氏、勝間田氏の討伐に出かけ、戦いに勝って凱旋の途中、その残党によって殺されるという不慮の出来事が勃発し、今川家は内訌状態を迎えるのである。

北川殿を祀る徳願寺
（静岡市駿河区向敷地の徳願寺山中腹）
撮影：水野　茂

㊂北条早雲の駿府今川館襲撃

小鹿新五郎範満が家督代行となる

今川義忠の突然の死によって、今川家中は大混乱に陥った。

「六歳の幼児でも周りが盛り立てていけば大丈夫」という派もあれば、「六歳の子では心もとない。一族からしかるべき者を選んであとを継がせるべきだ」という声も上がり、一族の小鹿新五郎範満を推す派も現れた。この小鹿氏というのは、今川天下一苗字のところで触れた今川一門小鹿氏である。

このとき、幼君今川龍王丸の叔父にあたる北条早雲が分裂気味の両派の間に割って入り、一つの折衷案を示している。それは、「龍王丸が成人するまでの間、小鹿範満に家督代行を務めてもらおう」というものであった。

両派これに納得し、争いには至らず、龍王丸はひとまず駿府今川館を出て、そのあとに小鹿新五郎範満が入った。

そして、そのあと、北条早雲、すなわち伊勢新九郎盛時（いせしんくろうもりとき）は駿府を離れ、京都に戻り、幕府の申次衆（もうしつぎしゅう）という職についているのである。

密かに駿府に舞い戻った早雲

仮に、このまま小鹿範満が龍王丸の成人を待って家督を戻していれば、早雲は申次衆を続け、京都で平穏な余生を送ったはずである。

ところが、長享元年（一四八七）になって、駿府にいた姉の北川殿から、「龍王丸が元服する年齢になったのに、小鹿範満は家督を戻そうとしない」という連絡が早雲のもとに入った。要するに、小鹿範満が、そのまま今川家の家督の座に就き続けそうだというのである。

こうしたときの早雲の行動は実に素早い。密かに駿府に戻り、龍王丸擁立派の人々と連絡を取りつつ、同年十一月九日、同士たちと駿府今川館を急襲し、小鹿範満を討ち倒しているのである。

なお、早雲による今川館奇襲の日を同年十一月九日としたのは、その直前に、島田の東光寺に対し、龍王丸の名で寺社勢力を味方につける工作が行われていたことが明らかなのと、静岡市長田の得願寺の過去帳に、

大慈院殿歓山喜公大禅定門
霜月九日
小鹿殿ノ事

とあることによっている。

こうして、龍王丸は、叔父北条早雲の尽力によって今川家七代目の家督を継ぐことができ、元服して氏親と名乗っている。

ちなみに、早雲は京都には戻らず、今川氏の支配力が弱い駿河東部支配のため、駿東郡の興国寺城に入っているのである。

北条早雲（伊勢宗瑞）画像
（岡山県井原市・法泉寺蔵）

三 駿府今川館はどこにあったか

駿府の名が一般化するのは戦国期

駿河守護今川氏歴代が、駿河の国府のあった駿府に守護所を置いていたことは間違いない。国府のあるところは府中とか府内と呼ばれており、駿府というのは駿河の府中を省略した地名で、甲斐の府中を甲府と言ったのと同じである。

ただ、ずっと昔から駿府と呼ばれていたかというと、どうもそうではなかったらしく、文書・記録に表記されている状況を調べると、十五世紀ごろまでは、ただ府中と書かれることが多く、十六世紀、すなわち、戦国大名今川氏の時代から駿府が一般化していった様子がわかる。

ところで、そのころの駿府の状況と現況を比べたとき、大きく違っているのが安倍川の流路である。徳川家康が安倍川本流を西に移し、藁科川と合流させるまで安倍川本流はいく筋かに分かれながら、現在の静岡市の繁華街のあたりを流れていた。

こうした安倍川の流れ方を前提に、駿府今川館の場所を推定していかなければならない。

江戸時代には不明だった今川館

駿府の町の様子を書いた地誌が江戸時代に何冊か刊行されている。しかし、守護所であり、戦国時代には戦国大名今川氏の本拠だった駿府今川館の位置を特定したものは見られない。わずかに現在の静岡市葵区屋形町が「お屋形」と呼ばれていた今川氏の居所ではないかとする記述がある程度であった。

それでは、駿府今川館はどこにあったのだろうか。

結論から言ってしまえば、私は、現在の駿府城公園の場所だったのではないかと見ている。そのように推定する根拠は三つある。

一つ目の根拠は、江戸時代の駿府城に四足門と呼ばれる門があり、その名前が今川時代の駿府今川館の四脚門があった場所に建てられたことに由来するという伝承があったことである。

二つ目は、現在、静岡市葵区沓谷にある龍雲寺の存在である。

この龍雲寺は、今川氏親（うじちか）の正室だった寿桂尼（じゅけいに）の菩提寺として建てられた寺であるが、寿桂尼が亡くなるとき、遺言で「われ死して駿府館の鬼門を守らん」と言い、その遺言によって現在地に建てられたという伝承があるからである。

鬼門は艮（うしとら：丑と寅の間）の方角。龍雲寺の位置は、現在の駿府城公園のちょうど艮（北東）にあたる。

そして三つ目は、一九八二年九月から発掘調査が行われた旧駿府城二の丸馬場跡のさらに下層から戦国時代の遺構・遺物が多数出土したことである。

今川期を継承する四足御門跡

発掘された駿府城天守台跡
この地下に今川館跡が存在

㊂「女戦国大名」今川寿桂尼（じゅけいに）

京都の公家の姫君が駿府へ

今川家七代目氏親の正室は、京都の公家中御門宣胤（なかみかどのぶたね）の娘である。残念ながら、彼女の名前は明らかでない。夫氏親が没したあと落飾し、寿桂尼と名乗ったので、今日、寿桂尼の名で呼ばれているのである。

中御門氏というのは、藤原北家勧修寺流の一つで、坊城家から分かれた中級公家である。寿桂尼の父中御門宣胤は権大納言にまで上っているので、中級公家とはいえ羽振りはよかったものと思われる。

では、その宣胤の娘が公家にではなく、駿府の今川氏親に嫁ぐことになったのはなぜなのだろうか。

実は、中御門宣胤は歌人としても知られており、若いころ、氏親の祖父にあたる今川範政（のりまさ）から『万葉集』の秘事口伝を受けていたのである。また、氏親の姉が正親町三条実望（おおぎまちさんじょうさねもち）に嫁いでいたことも大きな理由になったのではないかと思われる。というのは、宣胤と実望は懇意にしていたからである。

そしてもう一つ、中御門宣胤の思惑としては、地方有力大名に娘を嫁がせることで財政的安定を得たいという願望もあったものと思われる。

病弱な息子氏輝に代わって

夫氏親が没したとき、跡継ぎの氏輝はまだ十四歳だった。前の年に元服しており、十四歳でも国主を務めることは可能だったはずである。

ところが、若いだけではなく、氏輝はやや病弱だった。そのため、国主としての大役を務めるのは無理な状況だったらしい。そこで、普通ならば重臣の誰かがその補佐役に選ばれるということになるが、このとき補佐役を務めたのは、男の重臣ではなく氏親未亡人、氏輝の母である寿桂尼だったのである。

晩年の十年間ほど、氏親は中風のため寝たきりだったと言われ、その間、身体が不自由な氏親に代わって様々なことを取り仕切っていたのが寿桂尼だった。そのため、政務に関わるノウハウについて熟知しており、「氏親の晩年の続きでやっていけばよい」という思いがあったのかもしれない。

氏親の死後およそ二年間、寿桂尼は『帰（とつぐ）』という字の印判を使って文書を出しており、その二年の間、今川家の当主は名目上は氏輝でありながら、実質的には寿桂尼が務めていたと言ってよい。そのため、寿桂尼は「女戦国大名」などと呼ばれている。男尊女卑の風潮が強くなる中で珍しい事例であった。

唯一、寿桂尼を伝える画像（菊川市正林寺蔵）
撮影：水野　茂

三 今川氏輝の死と花蔵（はなぐら）の乱

謎めいた氏輝の突然の死

氏輝が、母寿桂尼（じゅけいに）に代わって文書を出し始め、国主としての立場で領国経営に乗り出したのは天文元年（一五三二）からである。馬廻衆（うままわりしゅう）を編成したり、商業振興策を打ち出したり、それまでの氏親・寿桂尼のときには見られなかった新しい施策を始めている。

ところが、その矢先の天文五年（一五三六）三月十七日、氏輝は駿府今川館で突然死んでしまったのである。死因については不明で、病弱だったという点を重視し、単純に病死とする見方もある。

確かに、今川氏と同盟関係にあった相模の北条氏関係の史料、例えば、鎌倉の鶴岡八幡宮相承院の供僧である快元（かいげん）の日記『快元僧都記（そうづき）』には「今川殿の不例の祈禱として、大般若を読まる」とあり、不例、すなわち病気に罹っていたことは事実と思われる。

ただ、不可解なのは、同じ日に今川館ですぐ下の彦五郎という名前の弟も死んでいるのである。こうなると、単純な病死ではなく何らかの事件性のある死ということも考えなければならない。中には、「浅羽本系図」所収の今川系図のように入水自殺とする史料もある。氏輝の死の謎はまだ解けていない。

臨済寺境内に祀られる
今川氏輝・義元墓

玄広恵探（げんこうえたん）と梅岳承芳（せんがくしょうほう）の家督争い

氏親には嫡男氏輝を筆頭に六人の男子がいた。長男氏輝、二男彦五郎の死で、家督は弟たちの誰かが継ぐことになる。

その際、末子の氏豊はすでに尾張の今川家に養子に行っており、また、四男の象耳泉奘（しょうにせんしょう）は仏門に入っており、家督候補としての名乗りを上げなかった。結局、やはり仏門に入っていた三男の玄広恵探か五男の梅岳承芳かに絞られることになったのである。

その頃、家督の継承順位に年長順という考え方はなかった。むしろ、母が正室だったか側室だったかの方が大きな意味を持っており、この場合、兄ではあるが三男玄広恵探の母は氏親の側室福島氏で、五男の梅岳承芳の母が氏親正室の寿桂尼だったことで、家中の大方の意向は梅岳承芳の方に家督を継がせる方向に傾いていたのである。

しかし当時、周りからも「花蔵殿」と呼ばれていた玄広恵探は、母福島氏が氏親の重臣福島氏の出だったこともあり、そのまま引き下がることを潔しとせず、梅岳承芳と家督を争うことを決意し、ここに、今川家中を二分するような内訌（ないこう）（花蔵の乱）となった。

結局、家臣の大半を味方につけることに成功した梅岳承芳側が勝っている。これが、還俗して今川家九代目となる義元である。

花蔵の乱の舞台となった
花倉城
撮影：水野　茂(2点とも)

㊁ 少年時代の義元がいた駿府の善得院

京都で生活したこともある義元

今川氏は、将軍家である足利氏の一門である。そのため、結構、足利氏のやり方を模倣しているところがある。子どもを禅寺に入れるところなど、そっくりである。

これは、一つには兄弟の家督争いを未然に防ぐためと、寺で学問をつけさせるという二つのねらいがあった。

跡継ぎの男子は一人でいいが、男子が一人だけでは、その子が病気で死んでしまったり、合戦で戦死してしまうこともあり、一人だけでは不安である。

しかし、その一方で何人も男子がいると争いの種になることも確かで、それを防ぐために、跡継ぎ候補を一人だけ残し、あとは寺に入れることになる。

氏親の場合、嫡男氏輝が病弱だったため、次男の彦五郎を出家させなかったものと思われるが、あと三男玄広恵探（げんこうえたん）、四男象耳泉奘（しょうにせんしょう）、五男梅岳承芳（せんがくしょうほう）は、その名前からもわかるように寺に入れられていた。

のちに義元となる五男の梅岳承芳は、はじめ駿河国富士郡の善得寺という寺に入っている。そして、養育係となった九英承菊（きゅうえいしょうぎく）（のちの太原崇孚〈たいげんそうふ〉）、すなわち雪斎（せっさい）に伴われて京都の建仁寺（けんにんじ）、次いで妙心寺で修行をしている。子どものころの義元は、京都の有名な禅寺に入っていたのである。

富士の善得寺と駿府の善得院

京都では、氏親の子どもという血統の良さも手伝って、公家の三条西実隆（さんじょうにしさねたか）や近衛稙家（このえたねいえ）らと交流している。これが、後年、義元を頼って公家たちが駿府に流寓（りゅうぐう）〈※〉する要因になったことは間違いない。

父氏親が没し、兄氏輝が家督を継いでまもなく、梅岳承芳、すなわち義元は、雪斎とともに善得寺に戻っている。なお、善得寺は明治初年に廃寺となり、今は富士市今泉に善得寺公園として一部が残るだけである。

この善得寺の子院が駿府にあった。氏親の母北川殿が住んでいたところが、彼女の死後、善得院になっていたのである。ちなみに、善得院の址に臨済寺が建立されているので、少年時代の梅岳承芳は、ちょうど今の臨済寺のところにあった善得院と、富士の善得寺とを行ったり来たりしていたものと思われる。

そして注目されるのは、駿府の善得院を京下りの公家たちが訪れ、しばしば詩歌会が開かれていた点である。梅岳承芳が漢詩を作り、それに冷泉為和（れいぜいためかず）ら公家が和歌を詠み、詩と和歌による連歌のような楽しみ方がされていたことが冷泉為和の歌集『為和集（ためかずしゅう）』によってわかる。

〈※〉放浪して他郷に住むこと

大伽藍（だいがらん）を誇った善得寺跡（富士市今泉）
撮影：水野 茂

臨済寺の創建と太原崇孚（たいげんそうふ）

氏輝の菩提寺として建立された臨済寺

その頃は、戦国大名クラスともなると、死ぬと菩提寺が一寺建立されるのが常識であった。今川氏のような大きな大名となると、重臣でも菩提寺が建立されている例もある。

天文五年（一五三六）三月十七日に死んだ氏輝の菩提寺として、家督を継いだ義元によって建てられたのが臨済寺であった。その寺の名は、氏輝の法名「臨済寺殿用山恵玄居士」に因っている。

場所は、家督を継ぐ前の梅岳承芳（せんがくしょうほう）、すなわち義元がいた善得院のところで、その住持として迎えられたのが太原崇孚（たいげんそうふ）、すなわち雪斎（せっさい）であった。

それまで、雪斎は善得寺にいたが、義元が家督を継いだことで、自分の養育係を近くに呼び寄せた形となる。つまり、義元はただ雪斎を兄氏輝の菩提寺の住持に迎えたのではなく、自分の諮問に答えてもらうため、補佐役として招いたことがわかる。

臨済寺と駿府今川館は、直線距離にして約二キロメートルほどで、義元が雪斎のもとを訪ねるにしても、雪斎が義元のもとを訪ねるにしても無理のない距離であった。

軍師と言われた雪斎の手腕

雪斎のことを義元の執権と評することもあり、また軍師と呼ばれることもある。それは、今川氏の力が三河にまで伸びていったとき、三河支配に雪斎が関与していたことを示す文書が多数残されていることと、実際の三河攻めの戦いにおいて、雪斎が大将となって自ら大軍を率いて出陣しているからである。

天文十八年（一五四九）の三河安祥城の戦いのとき、雪斎が大将となっているが、雪斎は「敵の大将織田信広を生け捕りにせよ」と命じている。織田信秀の子信広を生け捕りにして、当時、信秀のもとに人質として捕えられていた松平竹千代を取り戻すためであった。そして、それを成功させている。

また、有名な「甲相駿三国同盟」をプロデュースしたのも雪斎である。当時、二国間の近国同盟は普通に見られたが、甲斐の武田信玄、相模の北条氏康、そして駿河の今川義元という三者を同盟させた手腕は特筆されるものがある。

では、禅僧の雪斎が軍師になることができたのはなぜなのだろうか。

私は、雪斎が義元を連れて京都の建仁寺、妙心寺で修行していたときに身に付けたものと見ている。京都の大きな寺には『孫子（そんし）』や『三略（さんりゃく）』などの兵法書があったのであろう。

静岡市葵区大岩に建つ臨済寺

三 尾張に向け駿府を出陣する今川義元

駿府を子　氏真に任せていた義元

今川義元から氏真への家督交代については、従来は、永禄三年（一五六〇）五月十九日に義元が桶狭間で織田信長に討たれた後と考えられてきた。しかし、近年の研究によって、すでに弘治三年（一五五七）正月以前に家督が氏真に譲られていたことが明らかにされている。桶狭間の戦いの三年も前に、すでに駿府の支配権は義元から氏真に委譲されていたのである。

この事実と、桶狭間の戦いは連動しているのではないかというのが私の解釈である。以下、この点をもう少し掘り下げてみたい。

義元は、比較的支配が安定していた駿河をまだ若い氏真に任せ、自分は支配が困難な遠江・三河を担当している。氏真に領国経営の一翼を担わせ、一種の「政治見習い」をさせる腹だったのだろう。

これは戦国大名の宿命といってもよいが、大名領国は停退は滅亡を意味しており、義元としては、三河からさらに尾張に版図を拡大していかないことには、今川領国を維持できないと考え、少しずつ尾張へ侵攻しはじめていた。「駿府は氏真に任せている」という安心感がその背景としてあったのであろう。

しかし、その安心感が結果的には命取りになってしまうのである。

駿府出陣と桶狭間での死

永禄三年五月十日、今川軍の先鋒が駿府の今川館から出陣していった。義元本人は十二日に出陣しており、総勢二万五千と言われている。

このときの出陣のねらいについて、「上洛のため」と言われることもあるが、このときは一気に上洛を考えていたとは思えない。尾張に侵攻し、あわよくば信長を討ち取りたいというのが目標だったと思われる。

ところが五月十九日、桶狭間山で昼食休憩中、わずか二千ほどの信長軍に奇襲され、義元が首を取られてしまったのである。二万五千の大軍とはいえ、すでに二万は織田方の鳴海城・大高城を奪い、かなり前方に進んでおり、義元近くには五千ほどしかいなかったからである。

しかもこの日、義元は馬ではなく輿に乗って出陣しており、信長に総大将義元の居場所をつかまれてしまっていたのも敗因だった。

このことをもって、「義元は馬にも乗れない軟弱武将だった」などと言われるが、それは大まちがいで、義元は、足利一門として、将軍家から特別に輿に乗ってよいという特権をもらい、それを誇示していたためである。

桶狭間今川義元血戦の図（小和田哲男氏蔵）
撮影：水野　茂

三 寿桂尼（じゅけいに）の死と武田信玄の駿府侵攻

死後も今川家を守ろうとした寿桂尼

桶狭間の戦いのあと、今川領国の崩壊のカウントダウンが始まった。まず三河で、徳川家康が今川氏真から離れ、織田信長と清須同盟を結んで自立し始め、それに刺激され、それまで今川家に付いていた家臣が同じように離脱していった。

誰の目にも今川家が落ち目になったと映るようになった永禄十一年（一五六八）三月二十四日、氏親の正室、氏輝・義元の母で、また一時期は「駿府の尼御台（あまみだい）」として、「女戦国大名」などと言われた寿桂尼が波瀾に満ちた生涯を閉じている。

彼女は亡くなる前、「わが死後、鬼門に葬られ、今川館を守護せん」と遺言したと言われている。その遺言によって建てられたのが、現在の葵区沓谷にある龍雲寺である。確かに、龍雲寺は駿府今川館の東北にあたっており、東北は艮（うしとら）と言って鬼門の方角にあたり、死んでなお、今川館を守ろうとした強い意思のあったことがうかがわれる。

武田軍に焼かれる駿府今川館

徳川家康が三河で自立し、その勢いが遠江にまで波及しそうな様子を見て、焦りだしたのが甲斐の武田信玄である。信玄は、義元在世中「甲相駿三国同盟」を結んでいたが、ついに氏真と手を切り、家康と結んで、東西呼応して今川領に攻め込むことを考えていた。

しかし、さすがの信玄も、寿桂尼が生きている間に行動に移すことができなかったものと見え、寿桂尼の死後だいぶ経ったその年の十二月六日、甲斐の躑躅ヶ崎館（つつじがさき）を出陣し、十三日に駿府に攻め入っている。

このとき、信玄は「駿府今川館には火をかけるな」と命じていた。ところが、先陣を切って今川館に突入した馬場美濃守信房（ばばみののかみのぶふさ）は、その信玄の命令を無視し、片っ端から火をかけて回った。この兵火で、今川館はもちろん、今川家の財宝すべてが灰燼に帰してしまったのである。

戦いが一段落したあと、馬場信房は信玄に呼ばれ、命令違反をとがめられているが、信房の「火をかけなければ、殿は今川の財宝欲しさに今川を攻めたと言われますよ」との一言で、命令違反は不問に付されたという。

氏真は駿府を脱出し、東海道を避けて山の中を通り、大井川を越えて掛川城に逃げ込んでいる。掛川城には重臣筆頭の朝比奈泰朝（あさひなやすとも）がいて、そこで再起を図ろうとしたのである。

しかし、その掛川城が徳川家康の軍勢によって包囲されることになり、籠城戦を展開する羽目に陥っているのである。

駿府に攻め入った武田信玄

［山梨県笛吹市（旧・石和町）のイベント『川中島合戦戦国絵巻』より］

高家今川氏

氏真の子供

　氏真は家康との密接な関係から捨扶持（すてぶち）ともいうべき五百石を与えられ、江戸で晩年を過ごし、江戸を終（つい）の住みかとしたわけであるが、それは孫が江戸に出ていたからであった。以下、氏真以後の今川氏についてふれることにしよう。もっとも、私の専門は中世史であり、氏真以後の今川氏ということになると、近世史の分野であり、概略を述べるにとどまってしまうことを、あらかじめお断りしておく。『今川氏と観泉寺』が高家（こうけ）時代の今川氏に関しては詳細であり、本文の叙述も同書に多くを依拠している。

　さて、氏真には四男一女があった。いずれも母親は氏真の正室、すなわち北条氏康の娘早川殿であろう。長男範以（のりもち）は元亀元年（一五七〇）の生まれ。二男高久（たかひさ）は天正四年（一五七六）の生まれ。三男安信（やすのぶ）は、慶長十八年（一六一三）に死んでいることがわかるが生年は不明。四男が京都若王子（にゃくおうじ）の住職になった澄存（ちょうぞん）で、天正七年の生まれ。一女は、吉良義定（よしさだ）の妻となっている。

　ところが、長男範以は父氏真に先立って死んでしまい、結局、範以の子、したがって氏真にとって孫にあたる直房（なおふさ）が継ぐことになった。この直房が、はじめ範英（のりひで）と称した人物で、高家に任ぜられたのである。以来、今川氏は徳川幕藩体制の下において、高家として家名を存続することになった。

　なお、氏真の二男高久も高家に任ぜられているが、さきに述べたように、今川家の今川という苗字は嫡流一家に限るという「お墨付き」が生きており、二男の家系であるというので、その居住地を苗字とし、そのとき住んでいたのが江戸品川であったため、以来、高久の系統は品川氏を称している。

高家の家系

　高家といえば、われわれはすぐ忠臣蔵の吉良上野介を思いうかべる。吉良氏も高家であった。今川氏の本家筋にあたっている。ふつう高家二十六家とよばれている。大体は戦国時代の大名家で没落し、近世大名として生き残ることができなかった名家が多い。たとえば、この吉良・今川のほか、織田・京極・武田・土岐・畠山・六角・有馬・由良などである。

　なお、高家というのは、端的にいえば幕府の儀典係で、老中の下に属し、勅使公家衆の接待とか、伝奏御用・京都名代・日光名代などを務めたもので、役高は千五百石であった。

　直房は『寛政重修諸家譜』によると、寛永十三年（一六三六）十二月二十九日に高家に就任したという。それからは刑部大輔の官途名を名乗り、京都御使、伊勢大神宮・日光東照宮の代参使を何回か務め、与えられた職責を果たしている。

　直房の実子二人（範明〈のりあき〉・範興〈のりおき〉）が早世したため、妹の孫にあたる氏尭（うじなり）を養子としてあとを継がせた。

今川氏真と夫人たちの墓（観泉寺）

今川氏と観泉寺『今川氏と観泉寺』高家時代を伝える
撮影：水野　茂

今川義元公
生誕五百年祭

シンボル事業
報告

今川復権まつり

２０１９年５月３日（金・祝）～５月６日（月・振）
駿府城公園

今川義元公大好き宣言＆今川シンポジウム

２０１９年５月19日（日）
静岡市民文化会館　大ホール

静岡の繁栄の礎は今川の時代にあり、後の徳川の時代、
そして現代へと、歴史の連続性の中で培われました。
今川の文化や伝統は、今も脈々と受け継がれています。
義元公と今川氏を誇り高く、後世に語り継ぎたい――。
そんな郷土の発展を希求する人々の熱い思いを追い風に、
今川義元公生誕五百年祭が展開される中、シンボル事業
「今川復権まつり」と「今川義元公大好き宣言＆
今川シンポジウム」を実施いたしました。
新時代が幕を開けた令和時代に、「今川復権」とともに
新たな義元公像が語り継がれます。

今川義元公生誕五百年祭推進委員会

小和田委員長　挨拶

今川義元公生誕五百年祭推進委員会　委員長

小和田 哲男

静岡大学名誉教授

桶狭間の戦いにおいて、2万5000という大軍を擁しながら、わずか2000の織田信長に敗れてしまった今川義元。その強烈なイメージばかりがクローズアップされ、長い間、世間から「公家かぶれの凡将」と揶揄されてきました。しかし、義元は当時の戦国大名の中では文句なくトップレベルの才覚を持ち、桶狭間での敗北をもってその業績や人格まで否定されてしまうのは間違いです。

その証拠に、有名な武田信玄と上杉謙信の川中島の戦い第二回戦では、義元が両者の間に入ってその戦いをやめさせています。また軍師である太原崇孚雪斎とともに、武田信玄、北条氏康との間に「甲相駿三国同盟」も結んでいます。これらのことから、義元が武田、上杉、北条とも肩を並べる存在であったことがうかがえます。

領国経営では、父氏親が制定した「今川仮名目録」に二十一ヵ条を追加し、時代の変化に対応できる法整備を進めています。また金山の開発や伝馬制による商品流通の円滑化、商人頭の任命による商業の効率的な管理など、商品流通経済にいち早く目をつけた戦国大名が義元だったといっても過言ではありません。

このような義元の業績を正しく評価し、地元に暮らす市民が誇りを感じてくださることを願い、義元の生誕500年に合わせ、各種事業を実施してまいりました。

2019年は生誕500年の記念すべき年でしたが、この年だけに留まらず、これを機に今川義元が市民の心に残り続けることを願います。

酒井会頭　挨拶

今川義元公生誕五百年祭推進委員会　副委員長

酒井 公夫

静岡商工会議所会頭

２０１５年、「徳川家康公薨去４００年」の記念事業を大々的に実施いたしました。

あれから４年、なぜいま「今川義元公」なのか。

駿府、現在の静岡市は、義元公を中心とした「今川時代」と家康公の「大御所時代」に大きく繁栄いたしました。

今川文化が花開いていた時代に、駿府で教育を受け元服も迎えた家康公が、後にこの地で我が国の首都機能を担う国際都市を創りあげたことは、今川から徳川へと続く「歴史の連続性」を示しています。さらにそれは、明治以降の時代を経て 現代の静岡市へと続いています。

私どもは、その原点となった「今川時代」を振り返り、義元公の功績を再評価することで、市民が誇り高く義元公について語れる街にすること、すなわち「今川復権」を日指して各種事業を実施してまいりました。

その記録をこの冊子にまとめておりますので、皆様にもぜひ、「今川義元公生誕５００年記念事業」の記録を通じ、「海道一の弓取り」とも称され、領国経営にも優れた稀代の戦国大名「今川義元公」を感じていただければ幸いです。

また、２０２０年5月１9日、JR 静岡駅北口駅前広場、竹千代君像の隣に「今川義元公像」を建立いたします。これまでの公家のイメージとは違った、義元公本来の勇ましい銅像であることを大変嬉しく思っています。

私どもはこの記念事業を一過性に終わらせることなく、これからも今川義元公の顕彰活動を継続し、「今川復権」を成し遂げるべく力を尽くしてまいります。

今川義元公生誕五百年祭のあゆみ

2017年

5月　今川義元公生誕五百年祭キックオフ事業
「今川復権宣言！」実施（臨済寺）

7月　今川義元公生誕五百年祭推進委員会
設立総会・第1回総会実施

9月　臨済寺「今川神廟上棟式」（静岡市葵区）

12月　今川義元公関連史跡視察会（愛知県　豊川稲荷・大聖寺・東向寺）

2018年

2月　臨済寺「今川神廟」寄付金贈呈式（静岡市葵区）

3月　今川義元公生誕五百年祭ロゴマーク決定

4月　第2回総会実施

5月　大聖寺「今川義元公供養祭」、
桶狭間古戦場視察（愛知県豊川市、名古屋市）
臨済寺「今川神廟落慶法要」（静岡市葵区）

9月　第3回総会実施

10月　今川歴史講演会「現代に生きる今川氏の功績」
講師：小和田哲男氏
京都市　義元公左文字等視察
（京都国立博物館・建仁寺・霊源院・建勲神社）

11月　「駿府と今川氏」発刊

12月　ご当地キャラ「今川さん」広報大使任命式

2019年

2月　「今川さん甲冑バージョン」お披露目式

3月　第4回総会実施

4月　静岡鉄道ラッピングトレイン出発式（新静岡駅）
第5回総会実施
「東海道の覇者　今川義元と駿府」展スタート
（静岡市文化財資料館・巽櫓）

5月　「今川復権まつり」開催（駿府城公園）
大聖寺「今川義元公供養祭」（愛知県豊川市）
今川義元公合同法要、
今川シンポジウム&今川義元公大好き宣言開催（静岡市）

7月　今川義元公銅像設置プロジェクト
クラウドファンディングスタート

8月　子供向け漫画「今川義元公入門講座」発刊

9月　静岡市市民弓道大会「今川杯」実施

10月　臨済寺特別拝観（静岡デスティネーションキャンペーン）
第6回総会実施

2020年

5月　JR静岡駅北口に今川義元公銅像除幕式・
今川義元公像　お披露目記念
今川シンポジウム2020

今川復権まつり

今川義元公生誕五百年祭のシンボル事業として、ゴールデンウィーク期間中の5月3日～6日に駿府城公園で「今川復権まつり」が行われた。戦国の三大文化と称され、絢爛たる文化が花開いた今川時代から続く、さまざまな文化・民族芸能などのコンテンツを展開し、来場者が五感を使って今川230年の功績と駿府の歴史を学べるイベントとなった。4日間で約15万人が来場した。

日時
2019年5月3日(金・祝)～5月6日(月・振)

会場
駿府城公園

来場者数
149,090人

主催
今川義元公生誕五百年祭推進委員会

今川義元公大好き宣言＆今川シンポジウム

今川義元公生誕五百年祭の集大成として、義元公の命日である5月19日に静岡市民文化会館で「今川義元公大好き宣言＆今川シンポジウム」が開催された。小和田哲男推進委員長の基調講演をはじめ、静岡大学教育学部附属静岡小学校・静岡市立安東小学校の児童らによる合唱や演劇が披露された。最後に参加者全員で「今川義元公大好き宣言」を行い、今川義元公生誕五百年祭推進委員会公認広報大使「今川さん」の悔し涙が児童たちに拭き取られた。

日時
2019年5月19日(日)

会場
静岡市民文化会館 大ホール

来場者数
1,715人

主催
今川義元公生誕五百年祭推進委員会

今川復権まつり

今川ステージ

能を大成した観阿弥が人生最後の舞を披露したのは静岡浅間神社。招いたのは駿府今川氏初代範国であり、多くの町民が狂言を鑑賞した記録も残っている。

今川ステージでは稚児舞楽や清沢の神楽などの静岡市に伝わる民俗芸能のほか、駿府芸能保存会連合会によるお囃子や木遣り、高校生の書道パフォーマンスで会場を盛り上げた。

今川横丁

約230年にわたり駿河を治め、戦国時代にまれな平和で文化的な国を築いた今川氏。義元公は楽市楽座や商人頭の任命など商業振興政策にも力を入れ、まちを繁栄させた。公家の日記から当時の駿河の食の豊かさもうかがえる。そうした、往時のにぎやかな街並みを再現した「今川横丁」には、地場産品を使ったアレンジ串メニューやスイーツなどが並んだ。

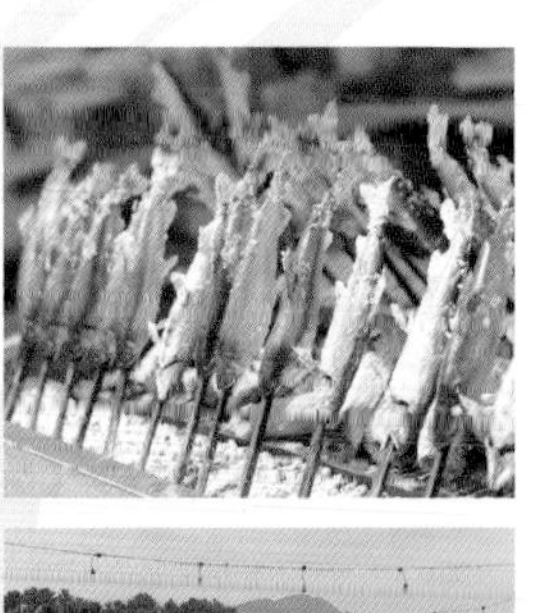

駿府工芸市・体験型ワークショップ

木工、漆器、サンダルなど地場産業の多くのルーツは今川の時代にあったとされる。今川氏は鎧や武具に使われる皮作なども保護した。

駿府工芸市では、今川から江戸、そして現代へと進化を遂げつつ受け継がれた匠の技を披露。会場内には来場者が気軽に体験できるワークショップも実施した。

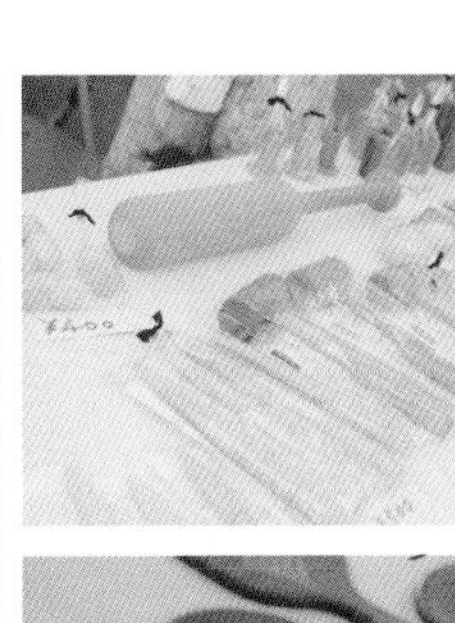

今川ゆかりの地と静岡市のPRコーナー

義元公の時代に結ばれた武田氏、北条氏、今川氏による「甲相駿三国同盟」を、令和の時代にクローズアップ。

甲府、小田原と静岡市のＰＲコーナーでは、桶狭間のある豊明市も出展し、地元静岡市のさまざまな事業をアピールするコーナーも設けた。

今川武道館
蹴鞠保存会の実演

「海道一の弓取り」と称された義元公。初代今川範国の息子、了俊は文筆にも秀で、了俊が記した書物は往時の射法などを伝える貴重な歴史的資料として位置づけられている。刀鍛冶や弓具職人も今川期から技を伝承してきた。

今川武道館では、文武両道の今川氏にならい、剣道やスポーツウエルネス吹矢、スポーツチャンバラの実演も行われた。6日の蹴鞠では、本家本元の蹴鞠の名手飛鳥井家の流れをくむ京都の「蹴鞠（しゅうさく）保存会」の一行が来場し、古式ゆかしく技を披露した。

伝統文化体験

戦乱の世で、京都から多くの公家を迎えた今川氏は「戦国三大文化」の一つ、今川文化を駿府に花開かせた。今川館には富士山を借景した庭園や茶室があったとされる。

駿府城公園内の紅葉山庭園では静岡県茶道連盟による茶会、安藤家御家流静岡支部の協力で香道の体験、和歌の歴史講義を開催し、来場者に京風公家文化の趣を体感してもらった。

茶

『今川復権まつり特別茶会』 5/3(金・祝)～4(土・祝)

■料金／呈茶券【前売券1,400円(2席券) 当日券800円(1席券)】

『和歌』 5/6(月・振)

■料金／事前予約制、2,480円　※定員40名

■内容／第1部『今川氏の和歌 - 戦国大名と文芸』
小山順子(京都女子大学教授)

第2部『戦国武将にとって和歌とは』
小和田哲男
(今川義元公生誕五百年祭推進委員長)

『香道』 5/5(日・祝)

■料金／無料

1日5席(10:00～／11:00～／12:00～／13:00～／14:00～)

和の灯り

今川文化発信拠点であり、今川氏の居館だった「今川館」は、駿府城付近にあったとされる。京から訪れる公家が雅やかな風を運んできた上質な文化空間をイメージし、クリエーター・三枝文子氏がほのかな灯りを水面に浮かべ、闇夜の紅葉山庭園を静かに彩るイルミネーションアートを展開した。

■実施場所／紅葉山庭園内
■時間／18:00～21:00（最終入場20:30）
■料金／大人（高校生以上）150円、
子ども（小・中学生）50円

今川復権まつりの関連イベントとして静岡市民文化会館で、「BEAT IT!! ～新今川物語 2019 ～」を上演したほか、SBSテレビで 2019 年 2 月に放送された今川特別番組「真説！今川義元」、ミニ番組「駿府のヒーロー　今川義元」を再上映した。

今川義元公生誕五百年祭事業
「BEAT IT!!～新今川物語2019～」

オダvsイマガワ！奇想天外近未来ファンタジーを描いた「BEAT IT!!～新今川物語2018～」を再演。「BEAT IT!!～新今川物語」は出演者、スタッフ全てが静岡生まれあるいは静岡育ちで、静岡ネタ満載のオリジナル脚本で上演された舞台作品。総監督は藤枝市出身、人気舞台集団「コンドルズ」プロデューサー勝山康晴氏。

■会場／静岡市民文化会館　中ホール　■実施日程／5/5(日･祝) 14:00開演(13:30開場)
■入場料／(全席指定)一般:1,500円(税込)、学生(大学生･高校生以下)･子ども:1,000円(税込)

SBSテレビ
『今川特番』再上映

2019年2月にSBSで放送した『今川復権』をテーマにした特別番組を再上映した。

■会場／静岡市民文化会館　中ホール(1階席のみ)
■実施日程／5/4(土･祝)1回目:12:00～、2回目:14:00～
各回30分程度
■入場料／無料

内　容

▶30分VTR番組 2回シリーズ
･「第1話　静岡の礎を築いた戦国大名」
(O.A 2/17 15:00～15:30)
･「第2話　義元が愛した京文化と駿府」
(O.A 2/24 15:30～16:00)
出演者:春風亭昇太、
小和田哲男静岡大学名誉教授、
SBSアナウンサー

▶ミニ番組(2分30秒)
･「駿府のヒーロー　今川義元」
(O.A 2/3、10、17、24 11:40～11:45)

今川義元公大好き宣言&今川シンポジウム

2017年の『今川復権宣言』から2年間。2019年の今川義元公の命日に、その中締めとして新たな宣言を行った。『今川義元公大好き宣言』。市民への浸透を印象づけ、『復権』進化への意識共有、新たな決意の場とした。

宣言に先立ち、『今川シンポジウム』も実施。小和田哲男委員長の講演、小和田委員長と脚本家・森下佳子氏のトーク、静岡市内の小学校生徒たちによる合唱や演劇の発表などで会場を盛り上げた。

今川義元公大好き宣言

静岡の繁栄の礎は、今川の時代にあり、後の徳川の時代、そして現代へ—という歴史の連続性の中で培われてきました。今川の時代からの文化や伝統が、今も脈々と受け継がれています。

今年は今川義元公の生誕五百年です。

これまでの誤った伝承や風評に惑わされることなく、令和元年という、まさに新たな時代の幕開けに、今川義元公と駿河今川氏の功績を正しく理解し、広く後世に伝えていくことを誓います。

一（ひとつ）、
私たちは、今川氏がはぐくんでくれた、この静岡を愛します。

一（ひとつ）、
私たちは、文化と歴史に恵まれた静岡を、もっと発展させます。

一（ひとつ）、
私たちは、今川氏について、誇り高く語り継いでいきます。

「今川義元公大好き!!」

令和元年　五月十九日

今川義元公生誕五百年祭推進委員会

普及・啓発・告知

今川義元公生誕五百年祭を盛り上げるため、公式ホームページの立ち上げや新聞・テレビなどのマスメディアによるPRを行った。

「イベント全体」15段　新聞告知

チラシ

「ウォークツアー」半5段　新聞告知

「伝統文化体験」7段　新聞告知

「バスツアー」半5段　新聞告知

「今川シンポジウム」半5段　新聞告知

「三国弁当」半5段　新聞告知

HP　今川検定ページ

「今川義元公生誕五百年祭」 公式ホームページ

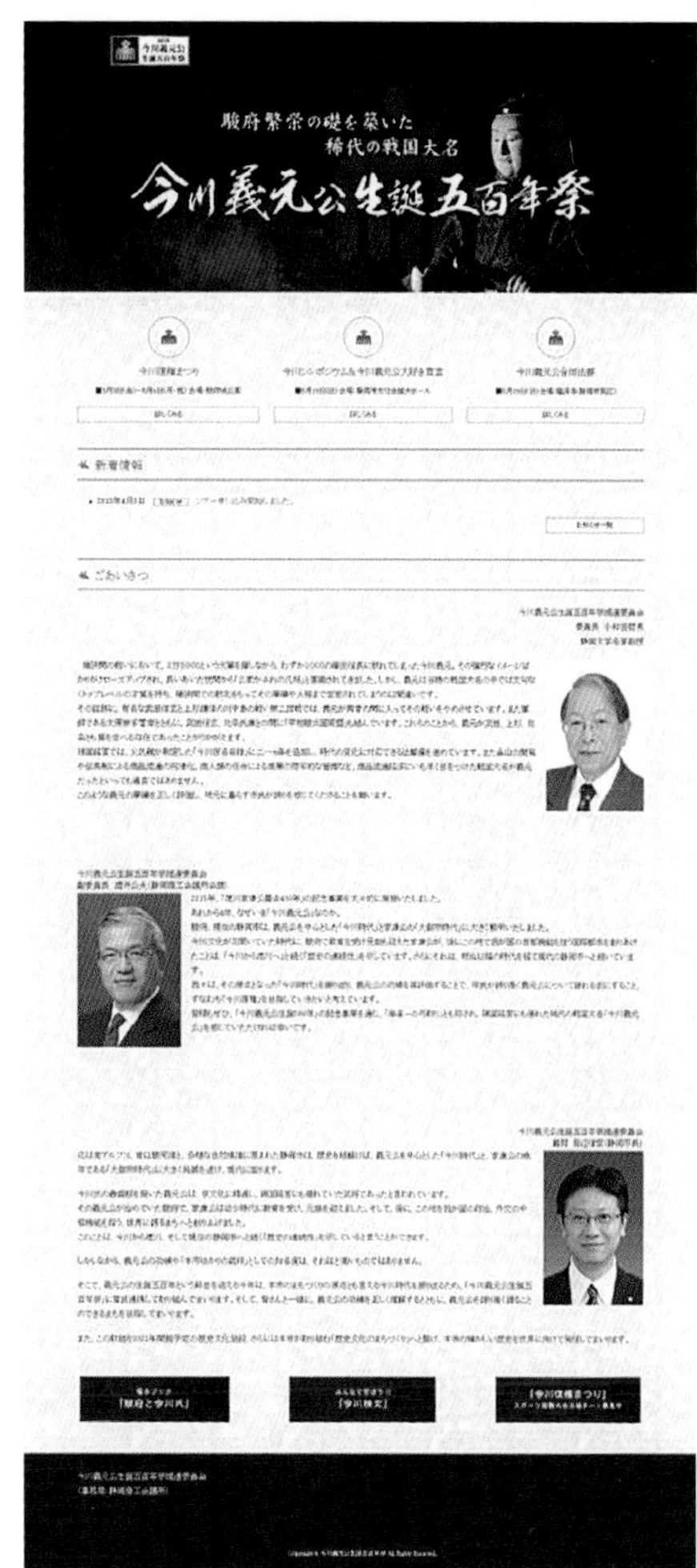

HP　イベントコンテンツページ

HP　今川ガイドツアー募集ページ

今川検定

「郷土の誇り」今川氏の功績を基礎から学ぶきっかけにとして今川検定を実施。新聞紙面を通じて、「今川復権まつり」もPRした。検定問題は小和田哲男静大名誉教授が監修し、「文武両道の今川氏」の実像をクローズアップ。応募者数は500人に上った。

賞品

寿桂尼ゆかりの油山温泉（元湯館、湯本苑）一泊二日ペア招待券（各1組ずつ）

当選者の名前入り、今川特製コースター ……………… 5名様

今川さん、オリジナルクリアファイル …………………… 10名様

今川義元公生誕五百年祭オリジナルピンバッジ ……… 10名様

2019年5月17日付紙面（静岡新聞）

みんなで学ぼう!!

今川検定

こんなにすごい義元公!

今川氏の功績を知ろう

問題を解き、答えを(下段に記載)を確かめよう! いざ!!

うまいすぎだよ、静岡!

もっともっと静岡!

SAPPORO

2018年11月23日付紙面（静岡新聞）

今川新聞

今川義元公生誕五百年祭

「偉人」の義元公 顕彰事業が始動

地産地飲

SAPPORO

今川新聞

今川義元公生誕五百年祭推進委員会の機関誌として発行されている「今川新聞」を、静岡新聞本紙で「今川新聞（静岡新聞スペシャル版）」として掲載した。

2019年3月15日付紙面（静岡新聞）

徳川みらい学会 第六回講演会

今川義元と今川氏の文化を語る

未来につながる伝統 ― Back to Basics ― 能から学ぶ生きる力

佐野 登 氏

文化人大名としての今川義元

小和田 哲男 氏

徳川みらい学会採録「今川と文化」（今川スーパーセミナー）

2019年2月15日に徳川みらい学会第六回講演会を、今川義元公生誕五百年祭推進委員会の共催事業として実施。テーマは「今川義元と今川氏の文化を語る」。詳報を特集紙面として全県版掲載し、幅広い読者に今川五百年祭をアピールした。

今川特別番組

今川義元公生誕五百年祭の機運醸成を目的に、今川義元公の功績を顕彰する特別番組とミニ番組を2月にSBSテレビで放送した。

「真説!今川義元」第1話 静岡の礎を築いた戦国大名

2月17日(日)15:00~15:30(本編30分番組)

義元の戦いの軌跡、功績、桶狭間前後の知られざる事実を紹介。

熾烈な家督争い－実兄との争い(花蔵の乱)。戦国大名としての治世能力、先見性－武田・北条との三国同盟、分国法制定、検地、徳川家康への教育。家康は今川から学び、治世の礎を築いた。春風亭昇太師匠は駿府城発掘現場へ…

「真説!今川義元」第2話 義元が愛した京文化と駿府

2月24日(日)15:30~16:00(本編30分番組)

義元が駿河の国に持ち込んだ京文化を紹介。

「銀閣寺」を模した「吐月峰」の観月会。義元の家臣が戦勝祝いでしたとされる「駿河凧」。描かれる義元は軟弱なイメージと異なり、勇ましい姿。小和田哲男氏とともに今川館の発掘現場で出土した天目茶碗など雅な文化に触れた。

ミニ番組「駿府のヒーロー 今川義元」

2月3日(日)、10日(日)、17日(日)、24日(日)11:40~11:45(各日5分)

平成29年（2017年） 5月20日（土） 朝刊

今川復権を宣言

静岡商議所と市 義元生誕500年へ始動

今川復権を宣言する田辺市長ら ＝静岡市葵区の臨済寺

静岡商工会議所と静岡市は19日、戦国武将今川義元の生誕500年に当たる2019年に向けた取り組みのキックオフ事業「今川復権宣言！」を今川家の菩提（ぼだい）寺の臨済寺＝同市葵区＝で開いた。市民ら約350人が集まった。

政治的、軍事的に優れた手腕があったとされる今川義元の功績を再評価し、市民に発信することで、ゆかりの地静岡の地域活性化を促す目的。今川義元の命日である5月19日に毎年行われる命日忌法要の後、静岡大の小和田哲男名誉教授や同寺の阿部宗徹老師が講演し、田辺信宏市長や同商工会議所の酒井公夫会頭らが「今川復権」を宣言した。

酒井会頭は「徳川家康公顕彰400年記念事業の流れを止めることなく、義元公の事業にも力を入れ、市の活性化につなげていきたい」と話した。生誕500年記念事業の内容は、7月に発足する推進委員会で詳細を決める。

（社会部・吉沢光隆）

平成29年（2017年） 4月30日（日） 朝刊

今川義元生誕500年へ顕彰

静岡商議所 19日に「復権宣言」

静岡商工会議所は27日、2017年度に重点展開する歴史文化事業を発表した。戦国大名今川義元と静岡茶の祖・聖一国師の顕彰が柱。今川義元の生誕500年に当たる19年に向けて、5月19日に臨済寺（静岡市葵区）でスタート事業「今川復権宣言」を行う。静岡市と連携し、7月をめどに官民連携の推進組織を設立する。

（経済部・高林和徳）

静岡商議所によると、今川復権宣言は政治的・軍事的に優れた手腕を発揮した今川義元の再評価を目指す内容になる見込み。臨済寺で執り行われる命日忌法要の後、小和田哲男静岡大名誉教授が「今川義元公の再評価を静岡から」と題して講演する。田辺信宏市長と静岡商議所の酒井公夫会頭らが今川復権を宣言する。

聖一国師に関しては、静岡商議所が事務局を務める「聖一国師顕彰会」が5月21日、東福寺（京都市）で「聖一国師まつり」を初開催する。国師と関係が深い京都、福岡の商議所とも交流を深める。

静岡商議所などが15年度に展開した徳川家康公顕彰400年記念事業に続く歴史文化事業。担当者は「ゆかりの地に暮らす市民に誇りを感じてもらい、地域の活性化に結び付けたい」としている。

「静岡に文化根付かせた」 葵区で記念講演

静岡市葵区の富春院（鈴木真道住職）は29日、「新緑の集い」を同院で開き、2019年に生誕500年を迎える同市ゆかりの今川義元について記念講演を行った。

講師は静岡市立高校長を務めた元常葉大教授の天野忍さん。「戦国・江戸期の大岩周辺の歴史」の演題で、今川氏と地域の歴史文化との関係性を紹介し、地域住民ら約100人が集まった。

今川氏は義元が討ち死にした桶狭間の戦いの後、歴史の表舞台での存在感は薄れたが、儀式や典礼などをつかさどる高家として江戸幕府に仕え、家名をつないだ。

天野さんは「茶の湯や和歌など、今川氏が静岡に根付かせた文化は今に残っている。郷土の歴史を次世代に継承し、地域の活性化を図れれば」と期待した。

今川氏と郷土の歴史について講演する天野さん（右端）＝静岡市葵区の富春院

平成29年（2017年） 5月27日（土） 朝刊

「今川新聞」発行

義元の情報集約

NPO法人 静岡駅 あす配布

静岡市非公式キャラクター「今川さん」を手掛けるNPO法人「今川さん製作委員会」はこのほど、戦国武将今川義元の情報をまとめたフリーペーパー「今川新聞」号外を発行した。

（社会部・菊地真生）

B4サイズ。フルカラー。静岡商工会議所と市が19日に実施した「今川復権宣言！」に伴い企画した。小和田哲男静岡大名誉教授や田辺信宏市長の寄稿、今川さんの四こま漫画を掲載している。

これまで会員制交流サイト（SNS）を中心に情報発信してきた同委員会は、紙媒体を活用して認知度向上を図る。同委の鈴木将仁理事長(44)は「2019年の今川義元生誕500年を前にさまざまな団体が事業に動く中、協力して盛り上げたいと思い、発行した」と話した。今後も発行を続ける予定。

「今川新聞」号外は28日午前11時～午後2時、JR静岡駅北口地下広場のイベントスペースで配る。今川さんの着ぐるみが登場するほか、抽選で今川さん缶バッジも配布する。

今川義元の情報をまとめたフリーペーパー「今川新聞」を手に取る鈴木理事長 ＝静岡市葵区

19年「今川義元公生誕500年祭」
推進委発足 初会合

今川義元公生誕500年祭推進委員会の設立総会
＝19日午後、静岡市葵区

静岡商工会議所と静岡市は19日、2019年の「今川義元公生誕500年祭」開催に向けた推進委員会の設立総会を静岡市葵区で開いた。委員長に静岡大の小和田哲男名誉教授、副委員長には静岡商工会議所の酒井公夫会頭を選んだ。

「海道一の弓取り」と呼ばれた地元ゆかりの戦国武将今川義元の優れた政治的、軍事的手腕を再評価し、地域の活性化につなげようと生誕500年に合わせて開催する。小和田委員長は「東海道の発展や経済政策など功績が多くの人に知られることは、研究者冥利（みょうり）に尽きる」とあいさつした。

初会合では本年度の事業として、関係者が今川ゆかりの旧跡を視察することや、今川関連情報を市民に広く発信するフリーペーパー「今川新聞」を発行することなどを決めた。（社会部・菊地真生）

平成29年(2017年)　7月20日(木) 朝刊

平成30年(2018年)　2月9日(金) 朝刊

今川義元の愛刀 現代に

富士の刀鍛冶・内田さんら

生誕500年へ復元事業始動

内田義基さん（左）が取り出した玉鋼を大づちを使ってたたく春風亭昇太さん
＝8日午後、富士宮市人穴

来年生誕500年の節目を迎える本県ゆかりの戦国武将今川義元の愛刀で、国の重要文化財「義元左文字」を作刀当初の姿でよみがえらせる取り組みが、富士市の刀鍛冶、内田義基さん(48)らの手で始まった。富士宮市にある内田さんの作業場に8日、昨年の大河ドラマで義元役を演じた静岡市出身の落語家春風亭昇太さん(58)が訪れ、始まりのつち入れ式を行った。（文化生活部・尾藤旭）

春風亭昇太さんがつち入れ

義元左文字は桶狭間の戦いで義元が討たれた際、織田信長の手に渡り、太刀を磨いて短くし、腰に差す打ち刀とした。その後は豊臣秀吉、徳川家康と天下人に継承され、明治期に徳川家から京都市の建勲神社に奉納され、現在に至る。

復元プロジェクトは内田さんの知人で、富士宮市の会社員佐野翔平さん(27)が「義元の功績を若い世代にも広めるきっかけに」と発案。現存の刃長は67センチだが、義元が愛した2尺6寸（約80センチ）の太刀を打つ。つばなどの外装品は、東京都の刀鍛冶、水木良光さん(35)が制作する。名誉顧問には今川氏の研究で知られる小和田哲男静岡大名誉教授が就いた。

内田さんは「字は違うが、自分と同じ名の義元公は憧れの存在。史料が少なく容易ではないが、心を込めて作りたい」と話し、プロジェクト名誉会長を務める昇太さんは「信長に奪われた名刀の魂だけでも静岡に取り戻したい」と待ちわびる。

刀剣を擬人化したオンラインゲーム「刀剣乱舞」の影響で、若い世代の刀剣ファンが急には義元左文字も「宗三左文字」の名で登場する。太刀の復元は、来年5月の完成を目指し、県内の義元ゆかりの場所に奉納することを検討している。

義元左文字（よしもとさもんじ）　約620～680年前の南北朝時代、筑前国（現在の福岡県）で作刀された。戦国武将三好政長（宗三）が所持し、宗三左文字や三好左文字とも呼ばれる。武田信虎を経て今川義元に伝わった。後に手にした徳川家康は、大阪の陣で帯刀したとされる。1657年の明暦の大火で火をかぶって再刃された。太刀当初の姿はとどめない。

平成29年(2017年)　12月12日(火) 朝刊

非業の死 今川義元偲ぶ

静岡商議所の500年祭実行委

大聖寺(豊川)を訪問、供養

今川義元公を供養する参加者
＝愛知県豊川市の大聖寺

静岡商工会議所の今川義元公生誕500年祭実行委員会（委員長・小和田哲男静岡大学名誉教授）の関係者がこのほど、愛知県豊川市の大聖寺を訪れ、永禄3（1560）年に桶狭間の戦いで織田勢に討たれた義元公を供養した。

戦いの後、同寺に義元公の胴塚が設けられたと伝えられる。供養には現地の今川義元公奉賛会のメンバーを含め約40人が参列した。公墓所の宝塔前で、今川家の菩提（ぼだい）寺である臨済寺（静岡市葵区）の阿部宗徹老大師が読経し、非業の死を遂げた戦国武将を偲（しの）んだ。

小和田委員長は「菩提寺の読経が響く中、義元も無念な思いが晴れ、さぞかしすがすがしい気持ちになったと思う」とあいさつし、生誕500年となる節目の2019年に向けて「決意を新たにできた。（500年祭を）きっと成功に導いてくれるだろう」と語った。

戦いの舞台となった現地周辺は義元公ゆかりの旧跡が多い。一行は豊川商工会議所も表敬訪問し、酒井公夫静岡商議所会頭が500年祭事業推進へ連携協定を提案したほか、義元公が山門を寄進したとされる豊川市の豊川稲荷や、首級が埋葬されたとされる西尾市の東向寺にも赴いた。

平成30年（2018年） 3月23日（金） 朝刊

義元公500年祭 事業発表

静岡の推進委 新聞発行や合同法要

企業、団体に使用を呼び掛けている旗印「赤鳥」を用いた生誕500年祭のシンボルマーク（静岡商工会議所提供）

今川義元公生誕500年祭推進委員会（委員長・小和田哲男静岡大名誉教授、事務局・静岡商工会議所）は22日、2019年の500年祭に向けた主要事業を発表した。「今川復権」をテーマに、静岡市ゆかりの今川義元の功績を再評価し、地域活性化につなげるための広報事業などを展開する。（社会部・牧野めぐみ）

主要事業は、年4回の今川新聞の発行や、大人向け読本の制作と配布、ゴールデンウイークに駿府城公園で行うプレイベントなど。義元の命日の5月19日には、今川家菩提（ぼだい）寺の臨済寺（静岡市葵区）で今年、「今川霊廟（れいびょう）落慶法要」を行うほか、19年には同寺に義元公の胴塚がある大聖寺（愛知県）の関係者を招いて「合同法要」を行う。20年5月ごろをる義元公の像の制作も検討している。

同委員会は企業や団体などの今川関連の企画を支援するため、今川家が戦に用いた旗印「赤鳥」を用いたシンボルマークの使用を呼び掛けている。希望する場合の問い合わせは同事務局〈電054（253）5113〉

平成30年（2018年） 12月14日（金） 朝刊

「今川さん」広報大使に

義元公生誕500年祭へ就任式

静岡

広報大使に任命されたご当地キャラクターの「今川さん」（左）＝13日午後、静岡市葵区

2019年に静岡市で開催する今川義元公生誕500年祭に向け、同推進委員会（委員長・小和田哲男静岡大名誉教授、事務局・静岡商工会議所）は13日、義元公をモデルにしたご当地キャラクター「今川さん」を、広報大使に任命した。

県内外のイベントなどに参加し、本県ゆかりの義元公の功績を広く発信する。

同市葵区の静岡商議所静岡事務所で就任式を行い、小和田委員長が「いくさで負けはしたが、武将として一流。復権のためにPRを」と、今川さんに任命書とのぼり旗を手渡した。

NPO法人今川さん製作委員会の鈴木将仁理事長が「義元公の世間の評価は良くない。（キャラクターのトレードマークの）悔し涙がうれし涙になるように、功績を伝えていきたい」と語った。

平成30年（2018年） 5月20日（日） 朝刊

「今川神廟」移設再建

静岡・臨済寺で法要

義元公生誕500年へ 「夢語る場に」

今川義元公生誕500年祭推進委員会（委員長・小和田哲男静岡大名誉教授、事務局・静岡商工会議所）は、義元公の命日にあたる19日、今川家菩提（ぼだい）寺の臨済寺（静岡市葵区）で、義元公らを祭る「今川神廟（しんびょう）」の落慶法要を行った。田辺信宏市長をはじめ、同商議所関係者や市民ら300人以上が参列し、2019年開催の生誕500年祭に向けて士気を高めた。（経済部・牧野めぐみ）

㊤義元公をしのび、功績をたたえた今川神廟落慶法要㊦再建された今川神廟＝19日午後、静岡市葵区の臨済寺

今川神廟は境内の奥にあることや簡素であったことを理由に場所を移して再建された。落慶法要で同寺の阿部宗徹老大師は、再建支援や義元公の功績を発信している同商議所、建築に尽力した施工業者らに感謝状を贈った。

小和田委員長は「世間の評価が高くない義元公に注目し、義元公の果たせなかった夢を語れる場所ができた」とあいさつした。酒井公夫静岡商議所会頭は、シンボルとなる義元公の像の制作を検討しているとし、「500年祭に向け、連携して義元公の功績や偉業を伝えていきたい」と述べた。

今川神廟の一般公開も行われ、多くの市民らでにぎわった。

平成31年（2019年）4月27日（土）朝刊

今川義元の生涯を紹介

葵区で展示会 功績や交流示す45点

静岡ゆかりの戦国武将の生涯を紹介する展示会「東海の覇者 今川義元と駿府」（静岡市主催）が27日から、同市葵区宮ケ崎町の市文化財資料館でスタートする。義元の功績や徳川家康など周囲の人物との交流に関する資料など45点を展示する。5月26日まで。

家康（竹千代）の元服の際に義元が与えた「腹巻」や、義元の父氏親が平安時代の和歌集を写した資料、義元の母寿桂尼（じゅけいに）の肖像画の複製などが並ぶ。義元直筆の文書の複製や、軍事や政治で義元を支えた太原雪斎の木造も展示した。

義元の実像を紹介するパネルも飾った。「織田信長に敗れた愚将」とのイメージを持たれがちだが、京都の文化人との活発な交流や、訴訟のルールを明確化するなど、近年は業績を評価する活動が進んでいることなどを示した。

同資料館での展示会に合わせ、駿府城公園巽櫓（たつみやぐら）でも12月15日まで、今川氏ゆかりの品などを公開する。

今川義元が徳川家康に贈った「腹巻」など多彩な資料が並ぶ展示会＝静岡市葵区の市文化財資料館

平成31年（2019年）4月9日（火）朝刊

静鉄がラッピング電車

今川義元公生誕500年祭PR

推進委出発式 扉や車体に家紋、旗印

今川義元公生誕500年祭推進委員会は9日から、500年祭の一連行事をPRする装飾を施した「ラッピングトレイン」を静岡鉄道で走らせる。運行開始を前に8日、静岡市葵区の新静岡駅で出発式を開いた。桶狭間の戦いで敗れた義元への否定的な一般イメージを払拭（ふっしょく）し、領国経営などに手腕を発揮した業績を市民にPRする狙い。

2両編成の電車1台の扉や車体に、今川家の家紋「二引両（ふたつひきりょう）」や戦時の旗印「赤鳥紋」をデザインした。義元がモデルのご当地キャラクター「今川さん」のイラストも描かれている。新静岡―新清水間を12月7日まで、1日平均約10往復する。

式典には関係者や駅利用者ら約100人が集まり、今川さんを乗せた回送電車が新静岡駅を出発した。推進委の小和田哲男委員長は「義元の復権を長年訴えてきた中、ラッピングトレインの運行は感無量」とし、市民の間で義元の話題が語られる機会の創出に期待を寄せた。

500年祭では、5月に駿府城公園で開かれる「今川復権まつり」などの開催が予定されている。

（社会部・伊藤龍太）

ラッピング電車の運行を祝った式典＝静岡市葵区の新静岡駅

平成31年（2019年）1月30日（水）朝刊

義元公生誕500年祭へ 新デザイン

甲冑姿の「今川さん」発信

静岡市で5月に開催される「今川義元公生誕500年祭」（同祭推進委員会主催、事務局・静岡商工会議所）に向け、静岡ゆかりの戦国武将・義元公をモデルにしたご当地キャラクター「今川さん」を手掛けるNPO法人今川さん製作委員会がこのほど、新デザインの「今川さん甲冑（かっちゅう）バージョン」を作成した。

今川さん甲冑バージョン（今川義元公生誕500年祭推進委員会提供）

無料で使用可

「超越的な力をもつ龍」（同委員会）をかぶとにあしらい、愛刀「宗三左文字」をモデルにした刀を右手に持たせたデザイン。「軟弱」という長い歴史の中でつくられてきた義元公のイメージを払拭（ふっしょく）し、勇猛で優れた武将であったことを広く発信する狙いという。

企業などは2020年末まで、同イラストのデザインをグッズ製作やチラシなどに無料使用できる。希望者は同祭推進委員会へ許可申請が必要。事務局の静岡商議所の担当者は「商品や名刺などで活用してもらって、500年祭を一緒に盛り上げていきたい」と意気込みを語った。

今川義元公生誕500年祭は、命日にあたる5月19日に菩提（ぼだい）寺の臨済寺で合同法要を行うほか、大型連休期間の5月3～6日は駿府城公園などで「今川復権まつり」と銘打ったイベントを予定している。

問い合わせは静岡商議所＜電054（253）5113＞へ。

（経済部・牧野めぐみ）

令和元年（2019年） 5月6日（月） 朝刊

「新今川物語」熱演

舞台劇 県民有志、観客を魅了

静岡

県民有志が熱演したファンタジー舞台劇＝５日午後、静岡市葵区の市民文化会館

戦国武将の今川義元が織田信長に討たれた桶狭間の戦いに着想を得たファンタジー舞台劇「BEAT IT(ビートイット)!!新今川物語2019」（今川義元公生誕五百年祭推進委員会など主催）が5日、静岡市葵区の市民文化会館で上演された。県民有志が同館を拠点に、オリジナル作品を創作・発信する「ラウドヒル計画」の一環。

舞台劇は、織田家の築いた帝国で、社会からの排除の対象となった今川家の子孫の少女ら「シズオカピープル」が未来に向かい奮闘する―というストーリー。藤枝市出身の勝山康晴さんが総監督を務め、伊東市出身の河田園子さんが演出を手掛けた。

県内出身・在住者約60人が壇上で熱演。県内ならではの話題を盛り込んだユーモラスなせりふや息の合ったダンス、迫力ある殺陣などで観客を魅了した。

（社会部・鈴木美晴）

令和元年（2019年） 5月8日（水） 朝刊

伝統装束まとい蹴鞠

静岡・今川復権まつり 保存会員ら優美に

伝統衣装をまとい蹴鞠を披露する「蹴鞠保存会」＝６日、静岡市葵区の駿府城公園

今川義元公や今川氏の功績を再評価しようと静岡市葵区の駿府城公園で開いた「今川復権まつり」（今川義元公生誕五百年祭推進委員会主催）で6日、蹴鞠（けまり）の名手飛鳥井家の流れをくむ京都市の「蹴鞠（しゅうきく）保存会」が優雅な球技を披露した。

烏帽子（えぼし）に水干（すいかん）などの伝統的な蹴鞠装束の8人が、シカの革でできた直径約20センチの鞠を「あり」「やあ」「おう」と声をかけながら蹴り上げた。天高く上がった鞠をつなぐと、観客から大きな歓声が上がった。伝統的な蹴鞠装束の紹介や独自の作法なども解説した。

「蹴鞠保存会」は京都市の白峯神宮に拠点を置き、約40人で活動。蹴鞠の名手とされる飛鳥井雅綱は、今川時代の駿府を訪れた記録が残されている。同会の上田恒弘理事長は「義元公生誕500年の機に、駿府で蹴鞠を実演することに縁を感じている」と話した。

同公園では今川氏歴代当主がたしなんだ和歌にちなんだ歴史講座も開かれ、小和田哲男静岡大名誉教授（同委員会委員長）と小山順子京都女子大教授の2人が講師を務めた。

（社会部・足立健太郎）

令和元年（2019年） 5月13日（月） 朝刊

義元公胴塚に事業報告

豊川 供養祭で生誕500年推進委

今川義元公の胴塚で法要を営む関係者＝12日午前、愛知県豊川市の大聖寺

今川義元公生誕五百年祭推進委員会（委員長・小和田哲男静岡大名誉教授、事務局・静岡商工会議所）の役員ら県内関係者が12日、義元公の胴塚をまつる愛知県豊川市の大聖寺を訪れ、供養祭に参列した。胴塚前で焼香し、佳境を迎えた生誕500年関連事業を報告するとともに、豊川側との連携の重要性を確認。駿河、遠江繁栄の礎を築いた希代の戦国大名への敬意と感謝の念を新たにした。

本県側参列者は推進委で中心的役割を担う静岡商議所の酒井公夫会頭（静岡鉄道会長）や中村彰宏副会頭（静岡銀行顧問）、大石剛副会頭（静岡新聞社・静岡放送社長）、今川家の菩提（ぼだい）寺である静岡市葵区の臨済寺の雲水（修行僧）、NPO法人「今川さん製作委員会」の鈴木将仁理事長ら。

酒井会頭は、義元公が1560年の桶狭間の戦いで非業の死を遂げたことなどを念頭に「静岡でも、弱い武将というイメージが長くあったが、海道一の弓取りと称された優れた戦国武将。このことを静岡市民を含めて多くの方々に知ってほしい」とあいさつした。

桶狭間の戦いで義元公が織田信長勢に討たれた後、家臣らは駿河へ戻る途中、大聖寺にされる。供養祭は豊川の奉賛会が毎年開き、今年で57回目を迎えた。同推進委として参列するのは昨年に続き2度目。

義元公の命日の今月19日には臨済寺で、推進委と奉賛会などによる初の合同法要が営まれる。

（豊橋支局・遠藤竜哉）

令和元年（2019年）　5月20日（月）　朝刊

義元公「大好き」宣言

功績たたえ法要も

静岡でシンポ

今川義元公生誕五百年祭推進委員会（委員長・小和田哲男静岡大名誉教授、事務局・静岡商工会議所）は、義元公の命日にあたる19日、今川シンポジウムを静岡市葵区で開いた。義元公の功績を正しく理解し、広く後世に伝えていくことを誓うとした「今川義元公大好き宣言」を採択した。〝軟弱な武将〟との印象が少しずつ払拭（ふっしょく）されたとし、義元公をモチーフにしたキャラクター「今川さん」の悔し涙が拭き取られた。

今川義元公大好き宣言が採択され、子供たちが涙を拭った今川さん＝19日午後、静岡市葵区の市民文化会館

シンポジウムでは、小和田委員長が「とっておきの今川義元」と題して講演した。義元公は海道一の弓取りと称され、上杉謙信や武田信玄と肩を並べた優れた戦国武将と紹介し、「金山収入や、商品流通経済の掌握で卓越した経済力があった」と説明。「今川があって徳川があり」と歴史の連続性を強調した。

今川時代を学習した市立安東小と静岡大付属静岡小の児童らが、義元公にちなんだ合唱や演劇も披露し、魅力を発信した。

シンポジウムに先立ち、今川家の菩提（ぼだい）寺である臨済寺（同区）で初の合同法要が営まれた。田辺信宏市長をはじめ、静岡商議所の酒井公夫会頭ら正副会頭、義元公の胴塚をまつる愛知県豊川市の大聖寺の関係者ら約500人が参列し、静岡の礎を築いた義元公の功績をたたえ、感謝した。

（経済部・牧野めぐみ）

義元公の功績をたたえた合同法要＝19日午前、静岡市葵区の臨済寺

令和元年（2019年）　5月4日（土）　朝刊

義元公 復権まつり

「今川さん」子らと舞う

6日まで催し多彩

静岡

静岡ゆかりの戦国武将今川義元の生誕500年を記念したイベント「今川復権まつり」が3日、静岡市葵区の駿府城公園で始まった。官民連携組織「今川義元公生誕五百年祭推進委員会」（委員長・小和田哲男静岡大名誉教授）が主催し、義元の時代から続く文化や伝統を学ぶ多彩な催しを開く。6日まで。

初日はメインステージで、静岡浅間神社（同市葵区）の廿日会祭（はつかえさい）で披露する国記録選択無形民俗文化財の稚児舞楽が行われ、市内の小学生4人が舞を繰り広げた。4日には県指定無形民俗文化財「清沢の神楽」も予定し、芸能を重んじた今川氏にちなんだステージを展開する。

ステージでは、市能楽連盟による能楽解説もあった。同委員会公認広報大使「今川さん」も登場し、子どもたちと共に舞を披露した。

紅葉山庭園では茶会や和歌の歴史講義を行い、夜間は池に明かりを浮かべる。最終日の6日は京都の「蹴鞠（しゅうきく）保存会」が古式ゆかしく技を披露する。

同委員会は19日に市民文化会館で「今川シンポジウム＆今川義元公大好き宣言」も行う。

（政治部・名倉正和）

公認広報大使「今川さん」（中央）と舞を披露する子どもたち＝3日午後、静岡市葵区の駿府城公園

今川義元公生誕五百年祭
連携事業

今川義元公生誕五百年祭を記念し、推進委員会は義元公とゆかりの深い豊川市（愛知県）・甲府市（山梨県）・小田原市（神奈川県）などと連携し、互いに関連イベントに参加しました。

01

2018年
5月13日

今川義元公供養祭参列

今川義元公の胴が祀られている豊川市大聖寺での供養祭に参列

場所 大聖寺（豊川市）
主催 今川義元公奉賛会

02

2018年
11月24、25日

GO!北条早雲黎明記 獅子咆哮ノ陣

北条早雲公顕彰五百年イベントに今川義元公生誕五百年PRブースを出展

場所 小田原城址公園(小田原市)
主催 北条早雲公顕彰五百年事業実行委員会

03

2018年
12月20日

武田信虎公像除幕式参加

JR甲府駅北口「よっちゃばれ広場」に設置された武田信虎公像の除幕式に参列

場所 JR甲府駅北口広場（甲府市）
主催 甲府商工会議所

2018年
12月23、24日

こうふ開府500年記念事業 開幕直前!! 甲府冬の陣～赤備え～

甲府開府500年記念イベントに今川義元公生誕五百年祭PRブースを出展

場所 JR甲府駅北口広場（甲府市）
主催 こうふ開府500年記念事業実行委員会

05

2019年
3月5日

武田信虎公報恩供養参列

武田信虎公法要に参列

場所　大泉寺（甲府市）
主催　甲府商工会議所

06

2019年
3月5日

山梨日日新聞表敬訪問

山梨日日新聞社を訪問し、今川義元公生誕五百年祭をPR

場所　山梨日日新聞社（甲府市）
主催　今川義元公生誕五百年祭推進委員会

07

2019年
5月12日

今川義元公供養祭参列

今川義元公の胴が祀られている豊川市大聖寺での供養祭への参列

場所　大聖寺（豊川市）
主催　今川義元公奉賛会

08

2019年
6月2日

桶狭間古戦場まつり

1560年の「桶狭間の戦い」で命を落とした両軍の戦死者の供養祭に今川義元公生誕五百年祭PRブースを出展

場所　愛昇殿入口（豊明市）
主催　桶狭間古戦場まつり実行委員会

09

2019年
8月11日

2019小江戸甲府の夏祭り

江戸から学者や文化人、歌舞伎役者が盛んに往来し、「小江戸」と呼ばれるにふさわしい甲府の城下町で行われる「小江戸甲府の夏祭り」に今川義元公生五百年祭PRブースを出展

場所　舞鶴城公園
主催　小江戸甲府の夏祭り実行委員会

今川義元公生誕五百年祭

共催事業

2019年
2月15日

徳川みらい学会
2018年度第六回講演会
「今川義元と今川氏の文化を語る」他

主催　徳川みらい学会

2019年
4月19日
〜29日

ラーメン女子博IN静岡

主催　静岡朝日テレビ

2019年
9月15日

静岡市市民弓道大会「今川杯」

主催　静岡市弓道連盟

後援事業

2019年
5月26日

今川ゆかりの地を巡る静岡・藤枝バスツアー

主催　NPO法人駿府ウエイブ

2019年
9月12日

Dedicated to Yoshimoto Imagawa
LEW TABACKIN LIVE
in 静岡浅間神社

主催　静岡新聞社・静岡放送

静岡商工会議所クラウドファンディング「今川義元公像設置プロジェクト」

静岡商工会議所は、今川義元公生誕五百年祭事業の柱の一つとして、JR静岡駅北口広場に「今川義元公像設置」を計画。2019年7月23日から10月10日までの80日間にわたり、インターネットのクラウドファンディング方式で銅像建設資金を募った。

目標金額であった300万円を開始1週間で達成し、最終で支援者数215人、支援金額5、175、000円に達した。

作者は西伊豆町出身の彫刻家堤直美氏。2009年静岡駅北口に設置された「徳川家康公像・竹千代君像」も手掛けている。銅像は高さ約2^{メートル}の甲冑姿の義元公像で、「竹千代君像」を後ろから見守る構図。2020年5月19日設置予定。

義元公像設置へ資金調達

静岡商議所　ネット活用、目標300万円

今川義元公像設置に向けたクラウドファンディングの実施を発表する関係者ら＝23日午後、静岡市葵区

静岡商工会議所は23日、JR静岡駅北口広場に設置を計画している地元ゆかりの戦国武将今川義元公の銅像建設費をインターネット上で募るクラウドファンディングを始めた。10月10日までに、300万円を目標に資金調達する。

義元公の功績を正しく理解し、情報発信する「今川義元公生誕500年祭」事業の一環。銅像は高さ約1・8㍍の甲冑（かっちゅう）姿の座像。徳川家康の幼少期の「竹千代君像」を後ろから見守る構図で、20年5月の完成を予定する。

静岡市葵区で記者会見した同祭推進委の小和田哲男委員長は「静岡の礎を築いたのは義元公。功績を正しく知ってもらうきっかけにしたい」と強調した。

酒井公夫静岡商議所会頭は「資金集めだけでなく、市民や県民、全国から義元公を知ってもらい、地域活性化につなげたい」と意気込みを語った。

（経済部・牧野めぐみ）

クラウドファンディング概要

■実施期間／2019年7月23日 ～10月10日（80日間）

■支援者数／215人　■支援金額／5,175,000円

■返 礼 品／・今川義元公生誕五百年祭推進委員会公認大使「今川さん」グッズ詰め合わせ（プラモデル、クリアファイル、缶バッジなど）
・小和田哲男先生サイン入り本
・特製今川陣羽織
・アルマイト製ネームタグ
・小和田哲男先生　生原稿　など

今川義元公銅像

高さ▶約2^{メートル}
設置場所▶JR静岡駅北口駅前広場
除幕式▶2020年5月19日（予定）
制作者▶堤 直美

今川義元公像　お披露目記念　今川シンポジウム2020

今川義元公の命日である5月19日に合わせ、JR静岡駅北口に設置される今川義元公像のお披露目とともに今川氏の功績を顕彰するシンポジウムを開催する。

■実施日（予定）／**2020年5月19日（火）**

■内　容／第1部　記念講演
「今川研究の最前線」　歴史研究家：大石泰史氏
第2部　座談会
今川義元公生誕五百年祭推進委員会委員長：小和田哲男氏
臨済寺住職：阿部　宗徹氏
今川義元公像制作者：堤　直美氏
〈コーディネーター〉静岡商工会議所会頭：酒井公夫氏

シンボルマーク使用実績

2019 今川義元公 生誕五百年祭

記念品・ノベルティ

小和田哲男先生講演会ポスター、LEDライトキーリング
静岡弥生ライオンズクラブ（静岡市葵区）

「義元左文字プロジェクト」パネル展チラシ、展示物
静岡市まちづくり公社（静岡市葵区）

静岡市プレミアム付商品券券面、PR用チラシ等
静岡市プレミアム付商品券事業実行委員会（静岡市葵区）

イ草のコースター
㈱松永畳店（静岡市葵区）

コースター
社会福祉法人青い鳥日本平学園（静岡市駿河区）

その他

ラック型デジタルサイネージメディア「MEDIA VISION」のジングル映像
㈱エリアマーケティング研究所（静岡市葵区）

名刺
中部電力㈱（静岡市葵区）

静岡古城研究会 古城第62号抜冊「今川氏の牙城 賤機山城」
ナガハシ印刷㈱（静岡市駿河区）

名刺
静岡商工会議所青年部（静岡市葵区）

2019年カレンダー
㈱東海日動パートナーズ東海北陸静岡支店　松井保険事務所（静岡市清水区）

Twitterプロフィール欄の背景
個人（東京都）

産経新聞（大阪市内版）静岡県観光特集
㈱中部毎日広告社（愛知県）

駿府ウエイブHP
静岡市観光ボランティアガイド　駿府ウエイブ（静岡市葵区）

日本郵政㈱フレーム切手
個人（静岡市葵区）

名刺
fp-sachi（静岡市葵区）

富士山静岡空港PR用新聞広告（山梨日日新聞）
富士山静岡空港利用促進協議会（静岡市葵区）

名刺
静岡商工会議所 女性会（静岡市葵区）

今川義元公書籍販売コーナー装飾
㈱戸田書店 静岡本店（静岡市葵区）

イベント参加者用名札
個人（静岡市清水区）

東町自治会報「東方だより」
東町自治会（静岡市葵区）

中部横断道PR用新聞広告
㈱毎日静岡広告社（静岡市駿河区）

名刺
㈱ホテル小田急静岡（静岡市駿河区）

展示コーナー用看板
静岡市立長田図書館（静岡市駿河区）

地方創生をテーマとした学習「かるた」
島田樟誠高等学校（島田市）

ポスター・チラシ・パンフレット類

講座「寿桂尼とその時代」チラシ
静岡市東部生涯学習センター（静岡市葵区）

産業フェアしずおか2018装飾物等
エイエイピー㈱静岡本社（静岡市駿河区）

県内書店商談会配布資料
㈱静岡新聞社（静岡市駿河区）

静岡市エリア「わお!!マップ」
英公社㈱（愛媛県松山市）

JR東海ツアーズ発行旅行パンフレット
㈱一寶堂（東京都）

書店大商談会PRポスター
㈱静岡新聞社（静岡市駿河区）

歴史講座チラシ
浜田生涯学習交流館（静岡市清水区）

梅ケ島PR用ポスター、チラシ
ようこそ梅ケ島（静岡市葵区）

ポスター
静岡浅間神社（静岡市葵区）

「大井川クリーン作戦」ポスター
個人（藤枝市）

図書館資料のPR・特集展示
藤枝市立岡出山図書館（藤枝市）

静岡市歴史文化施設プレ事業に関連するポスター・チラシ
（公財）静岡市文化振興財団（静岡市葵区）

今川義元公生誕五百年祭事業PR用ポスター・チラシ
静岡市観光ボランティアガイド　駿府ウエイブ（静岡市葵区）

商品・パッケージ

チョトプラモ「今川さん」（プラモデル商品）
㈱スタジオユーワ（静岡市駿河区）

チョトプラモ「今川さん（金メッキバージョン）」（プラモデル商品）
㈱スタジオユーワ（静岡市駿河区）

チョトプラモ「今川さん（うすだいだいいろ）」（プラモデル商品）
㈱スタジオユーワ（静岡市駿河区）

商品・パッケージ、販促品
サッポロビール㈱（静岡市葵区）

新商品の弦のパッケージ
㈱甲賀弓具店（静岡市葵区）

缶バッジ、御朱印帳
NPO法人今川さん製作委員会（静岡市葵区）

清酒、焼酎、リキュール商品パッケージ
富士錦酒造㈱（富士宮市）

鰻の蒲焼パッケージ、販促ポスター
大五通商㈱（静岡市葵区）

クッキー
リュバン（静岡市駿河区）

駅弁当パッケージ
㈱東海軒（静岡市駿河区）

シール、掛け紙、食品用容器、POP用ミニのぼり
㈱牧野製袋（藤枝市）

キーホルダー、ネームタグ、コースター、IDカードケース、名刺
理研軽金属工業㈱（静岡市駿河区）

「今川さん(甲冑バージョン)」イラスト使用実績

シール、掛け紙、食品用容器、POP用ミニのぼり
㈱牧野製袋(藤枝市)

記念品

記念品・ノベルティ(シール)
静岡朝日テレビ(静岡市葵区)

そのほか

名刺
個人(静岡市駿河区)

名刺
個人(静岡市清水区)

アマチュア無線の交信証、名刺
個人(静岡市葵区)

フレーム切手
個人(静岡市葵区)

ラッピングタクシー
静鉄タクシー㈱(静岡市駿河区)

名刺
fp-sachi(静岡市葵区)

共済制度用封筒(角2、長3)
静岡商工会議所(静岡市葵区)

イベント用パネル
個人(静岡市葵区)

名刺
静岡商工会議所 女性会(静岡市葵区)

今川義元公書籍販売コーナー装飾
㈱戸田書店 静岡本店(静岡市葵区)

イベント参加者用名札
個人(静岡市清水区)

生活情報誌「リビング静岡」特集
静岡リビング新聞社(静岡市葵区)

東町自治会報「東方だより」
東町自治会(静岡市葵区)

名刺(涙なし)
㈱ホテル小田急静岡(静岡市駿河区)

国体・全国大会用ユニフォーム・Tシャツ
静岡県障がい者アーチェリー協会(静岡市葵区)

展示コーナー用看板
静岡市立長田図書館(静岡市駿河区)

名刺(涙なし)
中部電力㈱(静岡市葵区)

地方創生をテーマとした学習「かるた」(涙なし)
島田樟誠高等学校(島田市)

ポスター・チラシ・パンフレット等

静岡市わお!マップ(観光MAP)
英公社㈱(愛媛県松山市)

書店大商談会のポスター
㈱静岡新聞社(静岡市駿河区)

フリーペーパー「ベイプレス」
㈱ベイプレスセンター(静岡市清水区)

産経新聞(大阪市内版)特集記事
㈱中部毎日広告社(愛知県名古屋市)

歴史文化講座チラシ
浜田生涯学習交流館(静岡市清水区)

店内POP
DCMカーマ(藤枝市)

ポスター
ようこそ梅ケ島(静岡市葵区)

企画展示用パネル、チラシ
藤枝市立岡出山図書館(藤枝市)

歴史ウォーク、バスツアー等のポスター・チラシ
静岡市観光ボランティアガイド　駿府ウエイブ(静岡市葵区)

今川義元公関連書籍用ポップ
㈱静岡新聞社(静岡市駿河区)

「駿府城ラン・アンド・リフレッシュステーション」一周年記念PRチラシ
(公財)静岡市体育協会(静岡市駿河区)

パンフレット・チラシ・ポスター
静岡おまちバル実行委員会(静岡市葵区)

今川さんウォーク「文化史跡探訪Ⅱ」チラシ
静岡民放クラブ(静岡市駿河区)

今川復権まつり期間内店内装飾
～おうちいざかや～まっちゃん家(静岡市葵区)

6月30日商店街イベント「輪くぐりさん」ポスター・チラシ
静岡浅間通り商店街振興組合(静岡市葵区)

「小江戸甲府の夏祭り」パンフレット(涙なし)
こうふ開府500年記念事業実行委員会(甲府市)

ポスター、ブログ
個人(藤枝市)

ポスター・チラシ・展示用看板・パネル
(公財)静岡市文化振興財団(静岡市葵区)

11/6講演会のポスター・チラシ、LEDライトキーリング
ライオンズクラブ国際協会334-C地区 2R4Z(静岡市葵区)

商品・パッケージ

販売物用ラベルシール、チラシ
YAMAZAKIYA COFFEE(静岡市清水区)

スマホケース、モバイルバッテリー
アイダックス㈱(焼津市)

清酒、焼酎、リキュールラベル
富士錦酒造㈱(富士宮市)

クッキー
リュバン(静岡市駿河区)

駅弁当パッケージ
㈱東海軒(静岡市駿河区)

紙コースター
社会福祉法人 青い鳥 日本平学園(静岡市駿河区)

今川義元公生誕五百年祭記念

復権！今川義元公の実像に迫る

2020 年 3 月 31 日　初版発行

発行者　大石　剛

発行所　静岡新聞社

〒422-8033　静岡市駿河区登呂 3-1-1

TEL：054-284-1666

協力　今川義元公生誕五百年祭推進委員会

デザイン　株式会社創碧社

印刷・製本　三松堂株式会社

※定価は裏表紙に表示してあります。　
※落丁・乱丁はお取り替えします。

The Shizuoka Shimbun 2020 Printed in Japan

ISBN978-4-7838-9999-0